KB234479

민주혁명과
현대중국

이 저서는 2011학년도 대진대학교 학술연구비 지원에 의한 것임.

민주혁명과 현대중국

김재선 지음

한국학술정보㈜

〈참고 1〉 일본 관동군사령부

〈참고 2〉 위만주국 중앙은행

〈참고 3〉 위만주국　수도경찰청

大道之行也天下
為公選賢與能講
信修睦故人不獨親
其親不獨子其子使
老有所終壯有所用
幼有所長矜寡孤
獨廢疾者皆有所

〈참고 4〉 손문의 친필로 쓴 『예운·대동편』.

〈참고 5〉 1917년(12세) 자금성 화원천 문 앞에 있는 마지막 황제 부의.

〈참고 6〉 1928년 부의가 여동생, 남동생과 천진 장원에서 기념 촬영함.

〈참고 7〉 "만주국 강덕 황제" 부의가 1934년 기념 촬영함.

〈참고 8〉 1945년 8월. 부의가 소련군에 의해 포로가 되어 적탑으로 압송되는 장면

〈참고 9〉 1964년. 부의가 공산당에 의해 사상 개조되어 『모택동선집』을 읽고 있다.

◆ 머리말

크고 작은 전쟁, 전쟁 그리고 또 전쟁……. 아마 중국 현대사를 얘기하자면 전쟁 이름만 나열해도 역사 서술에 별 부족함을 못 느낄 정도로 수도 없는 전쟁의 연속일 것이다. 그럼에도 불구하고 중국현대사가 이처럼 빛날 수 있는 것은 그 속에서 대아(大我)를 위해 희생한 소아(小我)들이 있었기 때문일 것이다.

마치 밤하늘이 아름다운 것은 어두운 밤하늘이 아니라 그 어둠 속에서 외롭게 빛나는 무수한 별들이 있기 때문인 것과 같다. 슬프고 어두운 중국현대사에서 마음이 뭉클할 정도로 별처럼 빛나는 인물들은 무수히 많다. 이 책에서 이들을 모두 일일이 기술할 수 없는 것이 유감이다.

민주혁명의 소망을 이루기 위하여 자신의 본처와 자식을 포기할 수밖에 없었던 손문, 동포에 미치고 애국에 미쳐 일신의 영회와 행복을 포기한 장학량, 죽음의 공포 속에서 떨고 있는 동포의 모습을 들떠서 구경하고 있는 중국인의 모습에 충격을 받고 한평생을 의술이 아닌 문학혁명에 헌신한 노신(魯迅), 이들은 인류공리와 민족의 행복한 삶을 위하여 자신이 가진 모든 것을 바쳤다.

　이들의 사랑은 봄볕 같은 사랑이었다. 우리는 중국현대사의 고비마다 헌신하였던 따뜻한 사랑의 숨결을 이들의 붉은 심장 안에서, 따뜻한 마음속에서 느낄 수 있었다. 자신의 안락과 행복한 삶을 버리고 다른 사람을 위하여 평생을 봉사하고 희생한 영웅들과 어려운 가시밭을 묵묵히 걸었던 이름 없는 많은 희생자를 위해서 이 책을 바치고 싶다.

　지난 몇 년간은 길고 긴 아픔과 좌절의 시간이었다. 참고 인내하기 힘든 시간이었다. 봄볕 같은 사랑, 따스한 손길, 그리고 다정한 눈빛으로 심신의 상처를 이겨낼 수 있도록 보살펴 주신 분들께 감사드린다. 끝으로 본서의 출판에 도움을 주신 한국학술정보(주) 관계자분들께 진심으로 감사드린다.

소양강 강변에서

김재선 씀

중국의 역사 속에서 시대가 낳은 역사적 영웅은 밤하늘에 빛나는 별처럼 많다. 그중 애국에 미쳐 역사의 흐름을 뒤바꾼 장학량(張學良)의 일생은 우리에게 감동과 감탄을 자아내게 할 뿐만 아니라 중국현대사를 단연코 밝게 빛내 주었다. 그는 한평생 중국현대사와 시기를 같이하면서 민족과 국가를 위하여 중요한 역할을 하였다. 그는 인간적인 감동을 주는 사람이었다.

장학량의 일생에서 유달리 주목되는 것은 그의 업적보다는 오히려 그에게 있는 특별한 불같은 열정이다. 그가 가슴에 품고 있는 국가와 민족에 대한 특별한 정열, 애절한 사랑, 광적인 애국심은 수많은 중국인들에게 감동을 주었으며 현재에 이르기까지 중국 인민들에게 존경을 받고 있는 이유이기도 하다.

향년 101세, 애국자 장학량은 2001년 10월 14일 오후 8시에 사망했다. 그의 사망소식을 전해 듣고 정치적인 사상과 이념을 초월한 중국과 대만 양국의 사람들은 가슴으로 슬퍼하였다. 당시 중국의 주석 강택민(江澤民), 대만의 총통 연전(連戰), 장개석의 부인 송미령 등 중국을 대표하는 당대 명사들은 물론, 온 중국인이 그의 죽음에 대해 비통함과 애통함을 표시하였다.

그의 삶 자체는 다른 사람과 많이 달랐다. 그는 1901년 동북의 봉계군벌 장작림의 아들로 태어났다. 아버지가 일본군에게 피습당해 갑자기 사망하자 장학량은 28세(1928)의 젊은 나이로 아버지의 뒤를 이어 봉계군의 장군이 되었다.

동북지역에서 황제와 같은 절대 권력을 행사하였던 장학량은 장군이 된 지 반년 후 중대한 결정을 하였다. 장학량은 1928년 12월 29일 삼민주의를 따르고, 국민당에 복종하며, 장개석의 부하로 들어가겠다고 선포하였다. 이에 대해서 장학량은 "나의 소원은 중국의 통일이다. 나는 이것만 원한다."라고 간단명료하게 결단의 이유를 설명하였다. 그리고 드디어 1930년 9월 18일 장개석 옹호를 선언함과 동시에 정예부대를 데리고 남하하여 입관(入關)하였다.

장학량의 남하입관(南下入關) 사건으로 인하여 다행히 1924~1927년 사이에 국민혁명 뒤에 일어난 군벌들의 신군벌전쟁은 진정되었고 내전 역시 사실상 종식되었다. 자신이 지닌 모든 것을 포기한 한 사람의 결단은 중국인민에게 평화와 안녕을 가져다주었다.

그러나 얼마 지나지 않아 1931년 일본의 중국침략이 시작되면서 중국은 또 전쟁의 소용돌이에 휩싸이기 시작한다. 그런데 보다 큰 문제는 장개석의 부(不)저항 정책으로 인하여 중국의 동북지역은 일본인 수중으로 점차적으로 넘어가게 된 사실이다.

장학량의 고향이기도 한 동북지역이 일본으로 넘어가게 되자, 1936년 장학량은 장개석에게 "나라를 구하고 민족을 구원하는 데 나 장학량은 항일만이 있다고 생각합니다.”라고 강하게 자신의 입장을 표명했다. 이 견해는 장개석에게 철저하게 무시되었고 낙담한 장학량은 서안사변을 발동한다.

서안사변은 중국현대사의 흐름을 뒤바꾼 역사적인 사건이었지만 장학량의 개인으로 볼 때는 이후 그의 삶이 비극적인 삶으로 바뀌는 운명적인 사건이었다. 서안사변을 계기로 해서 중국의 명운은 지켜졌지만 장학량은 죄인이 되어 평생 연금이나 다름없는 생활을 하게 되었다.

그는 땅도 필요 없고 돈도 필요 없고 단지 희생과 국가와 민족만 필요한 사람이었다. “나는 광적으로 조국을 사랑한다. 나는 미치도록 조국을 사랑하는 사람이다.” 그가 평소에 즐겨 하는 말이다. 그의 심정, 그의 사상을 한마디로 표현한 가장 적절한 말이 아닌가 생각된다.

중국 근현대시기의 역사는 시련과 아픔의 시대였다. 처절하리만큼 비정한 현대역사는 민중들의 삶을 앗아가 버렸으며 민초들은 계속되는 외침과 전란으로 인하여 속박당하고 억압받았다. 이러한 질곡의 역사 속에서 민중들은 단련되고 강건해졌으며 역사적 영웅들은 이 시기 역사를 발전시키고 풍성하게 하는 역할을 하였다.

중국사회는 **아편전쟁(1840)**을 계기로 수천 년간 지속된 폐쇄된 문호가 열리게 된다. 이 같은 정치·경제적 폐쇄정책에서 개방정책으로 전환되는 것은 중국역사에 큰 사건이자 역사적 진보라고 할 수 있다. 그러나 문제의 핵심은 개방의 계기가 영국에 의한 강제적인 개방이라는 사실이다. 영국은 계속되는 대중국 무역적자를 메우기 위하여 아편을 강매하다가 이것이 제지당하니 강제로 중국의 대문에다가 대포를 쏴서 중국의 문을 열었다.

중국근현대의 비극은 여기서부터 시작된다. 천하의 대국으로 자처하였던 청조가 섬나라 소국인 영국에게 맥없이 패하니 청의 위신은 땅에 떨어지게 되었다. 더욱이 심각한 문제는 영국에게 주기로 약속한 배상금과 귀족들이 펴대는 아편 값 지불 문제이다. 어찌해야 할 것인가? 결국 이 막대한 돈은 농민들로부터 수탈할 수밖에 없었다. 이로부터 중국 사회는 수탈, 기아, 반란, 진압이 순환되는 혼란한 사회가 전개되기 시작하였다.

이 같은 사회에서 농민들이 선택할 수 있는 유일한 방법은 반란과 혁명의 길이었다. 이러한 배경 하에서 **태평천국혁명**(1851~1864)이 발생한다. 굶주림에 시달리고 지친 농민들이 역지이식(易子而食: 아이를 서로 바꾸어 먹음)하면서까지 생명을 이어가고 있을 때 태평천국을 주장하는 홍수전이 갑자기 나타난다. 그는 밭이 있으면 같이 부쳐 먹고, 밥이 있으면 같이 나누어 먹고, 옷이 있으면 같이 나누어 입는 등의 구호를 내세우며 배고픔이 없고, 따뜻한 정과 사랑이 있는 이상적인 국가 건설을 세우자고 하였다. 농민들은 불같이 호응하며 태평천국에 뛰어들었다.

그러나 태평천국혁명은 결국에는 홍수전을 비롯한 지도층이 처음에 품었던 마음이 변심함으로써 실패로 돌아간다. 1840년 강제적인 문호 개방에서 1864년 태평천국 멸망까지 내외적으로 큰 시련을 겪은 청 왕조는 자구책(自救策)인 **양무운동**(1864~1894)을 시행한다. 하지만 서양의 선진기술과 선진무기 구입을 통해 중국을 부강하게 하자는 양무운동은 1894년 일본에게 허무한 완패를 당하면서 막을 내리게 된다.

조선과 중국침략의 기회를 시시각각으로 엿보던 일본은 동학혁명을 빌미로 조선을 도와준다는 대의명분하에 조선침략을 단행한다. 이 사건이 바로 조선이 일본 식민지로 넘어가게 되는 계기가 되었던 **청일전쟁(1894)**이다.

아편전쟁, 태평천국혁명, 양무운동의 계속된 전란과 정책적 실패는 당시 중국사회를 탄식과 절망의 수렁으로 밀어넣게 되었다. 무너져가는 중국사회를 구하기 위해서 당시 지식인들이 선택한 것은 바로 **유신운동(1898)**이었다.

그러나 군주입헌 방식과 서양의 지식을 도입하자는 유신운동은 민주혁명의 불꽃을 대체하기에 너무나도 미미한 조치이었다. 결국에는 **의화단운동(1900)**을 끝으로 중국인민들은 민주공화국인 중화민국**(1911년 **신해혁명**)**을 선택하였다.

중국 최초의 민주공화국인 중화민국의 초대 총통인 손문 선생은 1912년 1월 1일에 중화민국 총통으로 취임하였다. 그러나 시대의 간웅 원세개는 혁명의 과실을 빼앗아갔다. **원세개(袁世凱)**는 1912년 2월 13일 중화민국 총통에 취임하여 1916년 83일 동안 황제를 하다가 끝내는 전국적인 민중들의 반대에 부딪치자 자기 분에 못 이겨 화병으로 죽었다.

민주혁명의 승리와 바로 이어지는 손문과 원세개의 타협 그리고 원세개의 배신과 황제의 등극사건과 같은 사실들은 중국 역사의 순리적 발전을 막았을 뿐만 아니라 이후 중국 사회를 전란과 분열의 시대로 이끌어가는 요인이 되었다. 이것은 우리가 원세개를 간웅 혹은 매국노 등의 수식어로 매도하는 이유가 된다.

원세개의 사후 중국 사회는 그가 이끌었던 군벌들의 파벌싸움이 전국적으로 벌어지게 된다. 이것이 바로 소위 역사에서 말하는 **북양군벌**의 시대이다. 이때부터 **1949년**까지 중국 민중들은 굶주림에 배고

파했고 상처에 아파했으며 고통에 슬퍼했으며 무서움에 가슴 졸이며 하루하루를 전란의 불안 속에서 살아가게 되었다.

그러나 중국 민중들은 어려움에 좌절하지 않고 민주와 과학사상에 눈을 뜨기 시작했으며 희망을 보았다. **신문화운동과 5 · 4운동(1919)** 의 전개로 미래에 대한 희망을 전개해 나갔다. 또 한편으로는 5 · 4운동을 기점으로 사회주의 사상운동이 펼쳐지면서 1921년 6월 중국 공산당이 설립되게 되었다.

이 시기 중국사회는 손문의 혁명세력, 공산당 세력, 전국을 활거하고 있었던 북양군벌의 세력이 정립하는 시기였다. 군벌세력들이 전국의 민중들을 우롱하고 압제하는 상황하에서 드디어 국민당과 공산당이 연합한 제1차 국공합작인 **국민혁명**이 전개되었다.

국민혁명(1924. 1~1924. 7)은 성공적으로 수행되었고 이후부터는 사실상 **국민당이 전국을 통일하는 시기**이다(1927~1936). 이 시기에 발생한 큰 사건은 일본의 대중국 침략이 시작된 9 · 18사변(1931)과 일본이 마지막 황제 부의를 황제로 옹립한 만주국(1932), 그 다음에 장학량이 발동한 서안사변(1936) 등이 있었다. 이 시기에 중국공산당은 1931년 11월 강서성 서금에 중화소비에트공화국 임시정부를 세우고 모택동(毛澤東)이 주석이 되어 제기를 노리는 상황이었다. 이때 장개석은 다섯 차례에 거쳐 서금을 공격해 쑥대밭을 만들었다.

이때 모택동은 1934년 10월 서금을 포기하고 역사상 유명한 2만 5천 리 대장정을 단행하였다. 처음 시작할 때 30만 병력이 보충되었음에도 불구하고 장정이 끝났을 때 병력이 3만 명만 남았다. 이들은 양자강을 건너 사천성의 대설산도 넘었고 광동성, 호남성, 광서성, 귀주성, 운남성, 서강성, 사천성, 감숙성 등을 지나면서 장정을 하여 1935

년 10월 섬서성 연안에 도착하였다. 사실상 장개석의 공산당 괴멸작 정이 성공한 듯 보였다.

그러나 역사의 운명을 뒤바꾼 대사건이 벌어진다. 1936년 스스로 애국에 미친 남자라고 하였던 장학량은 자신의 상관인 장개석을 섬서성 서안에 연금하고 항일할 것을 요구한다. 1936년 12월 장학량에 의하여 발동된 서안사변은 절체절명의 위기에 처하였던 공산당의 입장에서 보면 생명의 불빛과도 같은 절호의 기회이었다.

장학량의 서안사변으로 인하여 1937년 이후 제2차 국공합작이 실현되어 **8년간의 항전(1937~1945)**이 이루어진다. 이 기간 동안에 공산당의 홍군은 국민당과 합작하여 항일전쟁에 돌입하였다.

2차 국공합작으로 항전에 돌입한 그해에 남경을 점령한 일군은 남경에서 남경대도살(1937. 12. 13~1938. 1. 31)을 자행한다. 이 사건에 대하여 세계가 분노하는 이유는 남경에서 43만여 명의 중국인을 도살하고는 예를 들면 우익세력이나 새로운 역사 교과서를 만드는 모임(새역모) 측에서는 당시 남경에서 일군에 의한 민간인 살해는 단지 한 건뿐이라고 주장하고 있다는 사실이다.

서안사변으로 천금과도 같은 회생의 기회를 얻은 홍군은 8년 항전 기간 중에 병력을 정비하여 1945년 일본이 패망하고 국공내전기간(1945~1949) 중에 국민당을 제압하고 성공적으로 중국대륙에 공산정권을 성립하였다.

1840년 아편전쟁으로부터 시작된 굴욕과 수치의 역사 그리고 이로 인하여 끊임없이 발생한 외침과 내분의 역사는 종식되었다. 중국 민중의 승리이었다. 중국 민중들은 내전을 승리로 이끌고 중국의 주권과 독립을 지켜낸 모택동에게 매료되었고 광적으로 열광하였다.

모택동은 인민들의 먹고사는 문제를 매우 중시하여 "세계에서 무슨 문제가 가장 큰 문제인가? 그것은 바로 먹고사는 문제다."라고 한 적이 있다. 모택동은 중국혁명의 가장 큰 관심사를 인민들의 먹고사는 문제에 두었던 것이다. 중국통일 후 대륙에는 모택동 중심의 안정된 사회주의 정권이 탄생하여 정치는 안정되었고 경제적으로도 민중들의 삶은 풍요로워지는 듯하였다.

그러나 대약진운동을 거치면서 모택동의 정치권력에 대한 욕심이 정도를 넘어서니 심각한 상황이 전개된다. 모택동은 사리 판단이나 분별을 제대로 하지 못하였다. 이때 그는 이전의 모택동이 아니었다. 문혁시기에 모택동이 시도하였던 혁명적 사회문화혁명과 경제정책은 중국사회를 수습할 수 없을 정도로 처참하게 변화시키었다.

사람들은 죽지 못해 산다고 말하였다. 시골에서 노동에 종사했던 지식청년들은 고기가 어떤 모양인지 거의 잊을 뻔했다. 배불러서 죽은 귀신이 되는 것도 역시 좋다고 말하였다. 인민들은 굶주림에 이성을 잃어버렸다. 역사와 경제는 진보하고 있는데 모택동은 지식인을 적대시하고 폐쇄와 고립정책을 취함으로써 중국의 사회경제 발전은 정체되었다.

모택동은 "현실사회에서 무산계급의 이익을 대표하는 것만이 진실한 것이다. 그러므로 역사학자들은 역사를 연구하고 사료를 해석하고 이론을 전개할 때 계급을 위한 연구를 해야 한다. 만일 이렇게 하지 않으면 무산 계급의 투쟁노선을 이탈하는 것이다."라고 하였다.

이와 같은 마르크스 사상과 모택동 사상에 의해서 중국에서의 역사연구는 과거의 진실을 규명하는 순수한 학문연구보다는 이념에 따라 역사가 연구되는 경향이 매우 농후하다. 모든 역사학자들은 무산계급의 이익을 대변하고 무산계급의 편에서 역사를 연구한다.

이러한 이론에 근거해서 문화대혁명 때에는 지식인들에 대한 전면적 개조운동이 전개되기도 하였다. 대부분의 지식인들과 교수는 노동에 종사하면서 철저한 정신 개조를 강요받았다. 저명한 학자와 전문가, 교수, 간부들은 잔혹한 비판을 받았다. 이들 지식인 중에도 명청사 전문가 오함의 경우는 개조가 불가능한 사람으로 분류되어 처참히 살해되기도 하였다. 그들은 오함(吳晗)을 영혼 깊숙한 곳에 자산계급의 세계관이 있는 사람으로 매도하였다. 곽말약(郭沫若)은 "오함은 옛것이 머릿속에 박혀 새로운 사고를 잘 받아들일 수 없는 사람"이라고 하였다.

모든 역사를 무산계급의 입장에서 보려고 하니 중국사 시대구분 역시 단지 마르크스 사관에 의한 시대구분 방법이 있을 뿐이다. 본 책에서는 우리가 가장 즐겨 쓰는 시대구분방법인 시간의 원근에 따른 시대구분법(고대·중세·근대·현대)에 따라 민주혁명과 현대중국이라고 명명하였다.

우리가 무엇을 기준으로 현대의 기준을 세우는가? 그것은 두말할 필요도 없이 민중이 역사의 주인공인 민주사회의 여부 그리고 문명의 기준인 과학적인 사회, 이러한 이론에 따라서 현대화의 기준을 세워야 되지 않겠는가?

이러한 이론에 따르면 사회경제적으로 남녀평등과 인권 개념이 성립되고, 과학과 관련된 단체와 정기간행물이 활성화되기 시작한 중국 역사상 최초의 민주국가인 신해혁명을 현대사회의 기점으로 보는 것은 이론의 여지가 없을 것이다. 따라서 본 서책에서는 신해혁명에서 1949년 사회주의국가 탄생 이전까지의 시기를 민주혁명과 현대중국이라는 제목으로 서술하겠다.

제1장 청 정부의 멸망과 신해혁명

1. 사회 문화의 현대화와 신해혁명

청조 말 외세의 침략이 빈번해지면서 이와 동시에 서양의 과학문명과 사상도 함께 물밀듯이 들어와 중국 사회 전역 구석구석 영향을 미치고 충격을 가하기 시작했다. 이 충격은 너무나 크고 지속적이어서 전통적인 봉건사회는 더 이상 버틸 수 있는 힘을 잃었다. 정치·경제·사상·문화 등 모든 방면에 있어서 중국사회는 전통적인 봉건사회의 속박과 베일을 벗어버리고 꿈틀거리면서 서서히 현대사회의 면모를 띠면서 앞으로 나아가게 되었다.

정치적인 면에 있어서는 전통적인 전제제국이 점점 와해되어 가고 민주공화국이 이를 대신하게 되었고, 경제적인 면에 있어서는 군수산업, 방적, 제지, 제분, 시멘트 등 경공업이 발전하게 되었으며 신식은행도 건립되었다.

교통·건설 면에 있어서도 우정, 전보, 철로사업에 큰 발전을 가져왔는데 특히 철로사업의 발전은 신속한 정보와 교통으로 모든 지역사회에 필요한 물자는 물론 사람들에게 상상보다 훨씬 더 많은 기회를 가져다주었다. 게다가 신식학교와 신문은 신지식과 신사상을 신속하게 전파하는 데 큰 역할을 하게 되었다. 이 모든 것이 중국이 현대화로 도약하는 데 매우 좋은 초석이 되었다.

중국사회에 이러한 변화가 일어나게 한 주요 원동력의 하나가 바로 양서의 번역과 신문의 역할이다. 물론 책이란 동서고금을 막론하고 언제나 사람들에게 좋은 마음의 양식을 제공한다. 그러나 특히 이 시기에 양서 번역과 신문은 현대로 가는 계몽선생의 역할, 교량 역할 그리고 민중들이 자신의 처지에 대하여 각성하며 민주의식을 깨우치는 데 중요한 역할을 담당하게 하였다.

1) 양서 번역과 신문

양서의 번역은 그 당시 지식인에게 새로운 사상을 가져다주는 중요한 원천인 동시에 팔고시험과 사서삼경의 구학문의 테두리에서 벗어나서 넓은 세계와 새로운 서양문명을 접하게 해주는 교량이었다.

아편전쟁 전 흠차대신 임칙서(林則徐)는 광주에 가 호문 앞바다에서 아편을 바다에 던져 태우는 등 강력한 금연정책을 실시한 것으로 유명하다. 그러나 그가 양서를 번역해서 중국인들에게 서양문물을 소개하였다는 사실을 아는 사람은 드물다.

그는 정치인으로서도, 한 인간으로서도 본받을 점이 많은 훌륭한 사람이다. 그는 무조건 서양인을 배척했던 것이 아니고 이성적으로 판단해서 서양인이 가지고 온 아편은 불에 태웠으나 그들이 가지고 온 현대 과학기술과 문명은 배척하지 않고 받아들였으며 서양인이 쓴 『지리대전(地理大全)』을 『사주서(四洲書)』로 번역하게 하였다. 또

위원(魏源)은 이를 바탕으로 해서 『해국도지(海國圖志)』를 써서 지식인의 세계에 대한 시야, 사고의 폭을 넓혀 주었다.

강남제조국(江南製造局)은 비록 총포와 탄약 제조를 주로 삼고 있으나 그 아래 번역관을 설치해서 거의 백 권에 가까운 자연과학과 신식 과학기술 방면의 서책을 번역하였다는 사실은 참으로 놀랍다. 그 당시 무술변법을 단행했던 강유위(康有爲)와 양계초(梁啓超) 등 개혁파도 모두 이 저술들을 읽고 영향을 받았다고 한다.

그리고 중국 기존의 전통 신문은 주로 조정의 장주 또는 관리의 임면 소식을 전하는 데 주력하고 사대부 사이에서 소식을 전하고 있었을 뿐이었다. 그런데 동문관(同文館)과 강남제조국, 선교사들은 각 지역에서 번역 기구를 만들어 발전된 서양문물을 소개하는 데 매우 적극적이었다.

미국인 선교사 알렌은 상해 동문관에서 서학을 가르치다가 얼마 지나지 않아 만국공보(萬國公報)를 창간하였다. 그는 처음에는 단순히 선교를 목적으로 출간했으나 점차적으로 중국국민의 생계에 관심을 갖게 되면서 개혁 자구책과 외교 처리문제 등에 대해 발표하게 되어 양무를 담당하는 관리들과 지식인에게 상당히 큰 영향을 미쳤다.

중일 갑오전쟁 후에는 중국인 스스로가 창간한 신문이 대량으로 출현하였다. 이로써 사람들은 신문을 읽고, 정부시책을 비평하며 견문을 넓히는 것이 가능하여졌으므로 신문 열독은 지식인들의 일상생활의 일부분이 되지 않을 수 없었다.

신문은 당시 민중을 계몽하는 데 주요한 도구가 되어 민중들이 신해혁명의 사상적 기반인 민주사상을 깨닫게 하는 데 도움을 주었으며 또한 유신 입헌 개혁에 대한 흐름에도 큰 영향을 미치게 되었다.

2) 신식학교

의화단의 난 후에 서태후를 중심으로 한 수구파는 현 상황에서 정권을 유지하고 청 왕조를 살리기 위해서는 개혁은 불가피하다고 느꼈다. 따라서 청 왕조는 무려 10년 동안 개혁을 추진하였는데 이 개혁운동은 무술년의 "백일유신"의 범주에서 벗어나지 않았다.

이 기간 중에 시행된 개혁운동 중 지식인에게 비교적 영향력이 컸던 것은 학교의 보급이었다. 이때 청조에는 초등학교, 중·고등학교, 대학교 그리고 법정·국사·공예 등 현대적인 전문학당이 개설되었다.

과거제도의 폐지(1905)에 따라 필연적으로 배워야 했던 공맹의학을 중심으로 하는 구학문은 매력을 잃게 되었으며 지식인들은 신식학문의 수학을 통한 입신양명의 길을 모색하기 시작하였다. 따라서 이 시기 지식층 자제들 중에 개별적으로 출국, 유학하여 선진적인 과학사상을 공부하려는 학생들이 점차적으로 증가하였으며 청 정부 역시 유학을 통한 선진학문 수용을 지지하는 정책을 펼치게 되었다.

일찍이 1870년대에 백여 명의 어린 학생들을 미국으로 유학 보내어 군사, 항해, 조선 등 과목을 배우게 한 것을 시작으로 중국 유학생의 숫자는 큰 폭으로 늘어나게 되었다. 이후 미국과 일본 유학생은 1만 5천여 명으로 증가하였다.

근대식 학교 역시 과거제도 폐지 전까지 4천여 개가 있었는데, 1909년에는 이미 5만여 개로 증가했으며 이러한 근대교육기관의 폭발적인 증가가 근대적인 국민교육 보급에 큰 이바지를 하였음은 분명한 사실이었다.

청 정부는 각지에 권학소를 설치하도록 권고하는 동시에 10세까지 반드시 학교에 입학토록 하였으며 그렇지 못할 경우에는 그 부모를 처벌한다고 하령하였다. 그 당시 민족 진흥과 국민교육에 뜻이 있는 유지들도 학교 창설에 열을 올렸다. 쓰러져가는 청 왕조를 살리기 위한 유일한 길이 바로 교육을 통한 자강에 있음을 이들은 깨우친 것이다.

예를 들면, 항주에 혜홍이라는 한 열혈 신식여성이 있었는데, 그녀는 자신의 딸을 위하여 여학당 창설 모금을 하였으며 개학하는 날 강당에서 교육과 자강의 관계에 대해서 열강하다가 자신의 팔에서 한 점의 살을 떼어내어 개학 기념으로 삼았으며 아울러 만약 학교가 중도에서 폐교가 된다면 반드시 죽으리라고 맹세했다.

그런데 얼마 되지 않아 학당은 경비 부족으로 폐교하기에 이르렀다. 혜홍은 자신이 한 맹세대로 과연 아편을 먹고 자진하였다. 그녀는 "죽음으로 세상을 움직이기를 원합니다(願將一死動當道)."라는 유서를 남기고 이 세상을 떠났으나 이 사건은 즉시 전국을 한바탕 떠들썩하게 뒤집어 놓았고 결국 각계각층의 호응을 얻어 모금을 얻게 되었다는 일화가 있다.

2. 손문의 혁명과 사상

신해혁명 발발 이전의 중국사회는 외적으로는 서구 열강과의 모순관계에 있었고, 내적으로는 청나라 통치세력 내부의 부패문제로 인하여 왕조의 존망이 기로에 서 있는 상황이었다. 이에 민중들은 생존을 위해 절규하였으며 청 왕조는 생존하기 위하여 몸부림쳤다. 그들은 어떤 방식으로든 해결책을 모색해야만 하였다. 민중들은 홍수전의 태평천국혁명도 해 보았고, 부강운동도 해 보았으며 또한 양계초(梁啓超), 강유위(康有爲) 등이 주도한 유신운동도 경험하여 보았다.

이런 정치의 소용돌이 속에서 신해혁명 직전 자연스럽게 두 부류의 사람들이 정치 전면에 나서게 되었다.

한 부류의 사람들은 개량주의자들로서 이들은 무술년 유신운동의 중심세력들이었다. 이들 개량주의 세력들은 군주입헌방식을 통한 중국사회의 개량을 주창하였다. 또 다른 한 부류의 사람들은 개량주의자들이 주장하는 군주입헌의 방식으로는 중국을 구할 수 없으며 오직 민주혁명의 방식을 통해 민주공화국을 만드는 길이 중국을 구하는 유일한 방법이라고 주장하는 사람들이다. 이들 혁명파는 구체적으로 혁명이론과 혁명조직을 만들었는데 그 수장은 손문이었다.

손문의 본명은 손문(孫文, 1866~1925)이며 고향은 광동성이다. 그의 아버지는 남의 땅을 빌려서 농사를 짓는 소작농이었으며 손문 역시 어릴 때 아버지를 따라서 밭일을 하곤 하였다. 그러다가 열두 살 위인 형이 1871년 미국의 호놀룰루로 이민을 가서 정착을 하게 되자 손문은 형이 이민을 간 지 7년 후인 1878년 열세 살 때에 형에게 가서 생활하다가 형이 1870~80년대에 농업과 목축업으로 큰돈을 벌어 손문은 그 덕에 중학교에 다니면서 5년간 풍족한 생활을 하였다.

〈그림 1〉 손문 17세 때

그러다가 손문이 기독교 신자가 되었고 이 사실을 알게 된 형은 손문을 고향으로 돌려보냈다. 기독교도가 되어 귀향한 중산은 광동성 중산현에 와서 북조묘 보살상을 부숴 버리는 행동을 하여 마을에서 추방당하였다. 이후 그는 홍콩에서 공부하다가 후에 광주에서 외국인이 개설한 의과대학에 입학하고, 수석으로 졸업하였다.

이상의 간단한 손문의 경력을 통하여 우리는 중요한 사실을 발견할 수 있다. 손문은 유년시절부터 전통적 교육은 별로 받지 않고 서양식 교육을 받았으며 이런 교육과정을 통하여 자연스럽게 서양의 자연과학과 정치 상황에 대해 익힐 수 있었다는 사실이다.

이러한 손문의 성장배경을 통하여 우리는 중요한 사실을 발견할 수 있다. 어릴적부터 선진적인 서양문물을 접했던 손문은 이 경험을 통하여 중국의 전통교육을 받았던 양계초 등의 개량파가 감히 봉건사회에 도전하지 못하고 단지 개량적 사상만 주장하고 있을 때 과감하게 혁명적인 민주사상을 정치적으로 실행에 옮기고 활동할 수 있었다.

손문은 이미 자국의 현실과 병폐도 직접 몸소 보았고, 또한 다른 나라의 실례도 직접 지켜보고 체험해보고 공부도 해 보았다. 그리고 양자를 비교하여 보니 중국 사회의 전면적 개조는 불가피한 사실임을 절감하였고 또한 민주혁명에 대한 확신도 생기었다. 그렇지 않았다면 어떻게 목숨을 건 열두 번의 민주혁명을 시도하고 감행할 수 있었겠는가?

손문은 그의 혁명 활동 중에 부인 송경령(宋慶齡)과 송(宋) 씨 집안의 적극적인 도움을 받은 것으로 알려져 있다. 송 씨 집안의 본래 조상은 하남 사람이며 춘추전국 중의 한나라 사람이다. 아버지 송가수

(宋嘉樹)는 열두 살 때 미국에 가서 목사가 되었다. 후에 중국에 돌아와서 상해에 정착했으며 결혼 후에 외국기계를 수입해서 판매하는 사업으로 많은 돈을 벌었다. 그래서 송 씨 집안의 자녀 1남 3녀는 부유한 가정에서 어릴 때부터 선진적 서방식 교육을 받으면서 자랄 수 있었다. 특히 송경령(宋慶齡)과 송미령(宋美齡)은 미국 유학을 해서 모국어를 하는 수준의 영어 실력을 지니고 있었다고 한다.

송경령과 손문이 만난 시기는 손문이 원세개에게 자리를 물려주고 실의에 빠져 일본에 망명한 시기였다. 실제는 1894년 손문이 송가수가 경영하는 산동로인쇄소에서 혁명 간행물을 간행하는 데 도움을 받았는데 그때 처음 만났다고 하는 것이 더 정확하다. 그때 경령의 나이는 한 살이었다고 한다.

송경령과 손문은 1915년 10월에 결혼했다. 이때 손문은 49세, 경령은 22세였다. 손문은 그 당시 본처와 3명의 자녀가 있었고 또한 나이도 손문이 27살 연상이니 송경령 집안의 반대는 당연지사였다. 경령의 아버지는 둘의 결혼을 강력히 반대해서 경령을 방에 가두었는데 경령이 창문을 통해 탈출해서 결혼을 하였다고 한다. 결혼 후에 손문과 경령은 가정적으로는 불운한 삶을 살게 되었다. 손문이 1923년 간암으로 사망하면서 8년간의 짧은 결혼생활도 막을 내렸다. 경령은 손문의 유지를 이어서 혁명 활동을 계속하였고 49년 후에도 대륙에 남아서 부주석까지 지낸 바 있다.

손문은 청나라 말 중국 남쪽지역을 휩쓸었던 태평천국이 멸망할 무렵에 태어났다. 손문의 고향 역시 태평천국 거사지역인 광서성 금전촌과 매우 가까워 손문은 어릴 때부터 태평천국의 지도자 홍수전을 경앙했고 또한 그와 관련된 혁명서적을 즐겨 읽었다고 한다.

그러다가 13살 때에 미국의 하와이에 있는 형에게 갔고 귀향해서는 홍콩서 공부하면서 친한 친구들과 반청사상에 대해 스스럼없이 자유로이 토론하였다고 한다. 이들이 소위 4대 도적으로 불리었던 손문, 진소백, 우소환, 양학령이었다.

1892년 27살 때에는 홍콩의대를 졸업하고 마카오를 거쳐 광주에서 의사생활을 하였고, 1894년에는 동향인 육호동과 함께 북쪽으로 여행을 가기로 결정하였고 동시에 이홍장에게 자신의 생각이 담긴 편지도 전달하기로 결정하였다. 손문은 먼저 광주에서 상해로 가서 개량주의자인 왕도와 정관응을 만나 이들로부터 이홍장의 막료를 만날 수 있는 소개장을 받아냈다. 이 소개장을 갖고 천진으로 가서는 막료를 만나 자신의 사상이 담긴 편지를 이홍장에게 전할 것을 부탁하였다. 이 편지가 바로 유명한 『상이홍장서(上李鴻章書)』이다.

1894년 중일전쟁이 발발하기 이전 손문이 이홍장에게 올린 『상이홍장서』의 중심내용을 아래에 소개하겠다.

부강책: 저는 일찍이 유럽 부강의 근본을 살펴보았는데 그것은 선박이 견고하고, 포탄이 날카롭고, 보루가 튼튼하고, 병사가 강성한 데만 있는 것이 아니라 사람들이 자신의 재능을 다 할 수 있고, 물건은 그 쓰임을 다 할 수 있게 하고, 화물은 그 흐름을 원활히 할 수 있는 데 있다고 봅니다. 이 네 가지는 부강의 큰 길이며, 치국의 근본입니다. 우리 민족이 널리 광활하게 도모하고자 한다면 부지런히 원대한 계책을 구하며 서양의 방법을 배워 행하여 이로써 스스로 강대할 수 있도록 계획해야 합니다. 그리고 이 네 가지를 급히 행하지 않고 다만 선박을 견고하게 하고, 포탄을 날카롭게 하는 것을 급선무로 한다

면 그것은 근본을 버리고 하찮은 일을 도모하는 것입니다.

농업책: 중국 내지 신강과 관외 등지를 두루 다니면서 정황을 살피고, 어느 곳이 경작하기에 적당하고, 어느 곳이 목축하기에 적합한지, 어느 곳이 잠업하기에 적당한지 그 이롭고 유익한 곳을 밝혀 모두 서양의 방법을 모방해서 백성을 모집하고 개간하고, 상인을 모집해서 상업을 하도록 합시다. 우리 중당 이홍장께서 이 뜻을 받아주시기 바랍니다.[1]

이 편지를 올린 후에 이홍장은 손문을 접견조차 하여 주지 않았다고 한다. 그리고 『상이홍장서(上李鴻章書)』의 중심내용을 살펴보면 혁명적 사상내용이 전혀 보이지 않으니 그의 혁명사상의 산생시기에 대하여 국내외 학계에서는 다양한 견해가 제기되고 있다.

이 편지에는 혁명사상은 발견할 수 없고 단지 개량적인 정치사상만 보이는데 당시 편지를 올릴 때 손문의 마음은 지우(知遇: 자기를 알아주는 사람을 만나기를 원하는 마음) 정도이었을 것이라고 생각해본다.

부강책의 경우 손문은 외침에 대하여 막강한 병력과 군기계의 보완에 대하여 주장할 뿐만 아니라 근본적인 면에서 나라의 부강을 꾀하려고 하였다. 하지만 여기에는 혁명사상은 보이지가 않는다. 농업책의 경우도 농업 방면에 대하여 원대한 계획을 세우기는 하였지만 혁명사상은 찾아볼 수 없다.

손문은 중국민주혁명의 선구자이다. 따라서 이념을 달리하며 역사

---

1) 『손중산선집』, 권1, 16-18쪽.

적 인물에 대해서도 완전히 상반된 견해를 보이는 대만과 중국학계이지만 이 점에 관해서는 양안의 견해가 별로 이견을 보이지 않는다. 그러나 손문이 언제부터 혁명사상을 가슴에 품었는지에 대해서는 아직도 논란이 있다.

대만의 경우는 중화민국의 정통성을 이었다고 주장하며 손문을 국부(國父)로 추앙하고 아직까지도 중화민국(中華民國)이라는 연호를 사용하고 있다. 이러한 이유로 손문의 혁명사상 산생시기에 대해서도 이구동성으로 어릴 때부터 마음속에 품고 있었다고 주장한다.

중국의 경우는 1894년 중일전쟁이 발발하기 이전 손문이 이홍장에게 올린 『상이홍장서(上李鴻章書)』의 내용에 근거하여 1894년 이전에는 민주혁명의 의사가 없었다고 주장하는 학자들이 많은 편이다.

사실 이홍장에게 올린 글에는 개혁과 개량을 통하여 중국을 번영된 국가로 만드는 것이 주요 내용이며 민주혁명사상은 찾아볼 수 없다. 따라서 이 편지를 통해서는 언제 손문이 혁명사상을 지니게 되었는지는 알기 힘들다.

손문의 저술인 『건국방략』은 1885년에서 1912년 1월 1일 중화민국 임시총통에 취임할 때까지 중화민국 건국에 대한 계획을 세운 내용이다. 이 내용을 통하여 우리는 보다 분명하게 손문의 혁명사상 산생시기에 대하여 살펴볼 수 있다.

나는 을유년(광서 11년, 1885) 중불전쟁이 실패한 그해에 비로소 청 정부를 타파하고 민국 건국의 뜻을 세웠다. 이때부터 학당으로써 혁명 고취의 장소로 삼고, 의술로써 출세의 매체로 삼았다. 나는 광주에서 의학을 겨우 1년 배웠다.

홍콩에 영어 의과대학이 개설되었다는 소식을 듣고 나는 그 학교가 비교적 우수하고 장소 또한 비교적 활동이 자유로워서 혁명을 고취하는 데 적합하다고 생각해서 홍콩 학교에서 수업을 받았다. 수년간 학업 외의 여유 시간에는 혁명 고취에 전력을 다했고 자주 홍콩과 마카오를 왕래하였다.

이때 혁명에 귀화한 사람은 단지 진소백(陳少白), 우소환(尤少紈), 양학령(楊鶴齡) 등 3인이고 그리고 상해에서 온 손님 육호동(陸皓東)뿐이라는 것을 들었다. 교류하는 다른 사람들은 나의 말을 듣고 대역불도한 사람으로 여겨 나를 피하는 것이 아니라 중풍환자 내지 광인으로 여겼다.

나는 진소백(陳少白), 우소환(尤少紈), 양학령(楊鶴齡) 등 3인과 늘 홍콩에 거주하면서 조석으로 왕래하는 한편 논하는 것이 혁명이 아닌 것이 없고, 품은 뜻이 혁명이 아닌 것이 없으며, 연구하는 것도 혁명이 아닌 것이 없었다.

그러므로 홍콩과 마카오의 친지와 교류하는 자들은 모두 우리를 '4대 적'이라고 불렀다. 이것이 나의 혁명언론시대였다. 내가 졸업한 후에 마카오와 양성(羊城) 두 곳에 병원간판을 내걸었는데, 사실 이것이 바로 혁명의 시작이었다.

이때 정사량[鄭士良, 호가 필신(弼臣)]과 교류하면서 모여 당을 만들었다. 나는 육호동(陸皓東)과 북으로 북경과 천진을 다니면서 청정부의 허실을 살폈고 깊이 무한(武漢)에 들어가서 양자강의 형세를 관찰했다.

갑오년(광서 20년, 1894) 중일전쟁이 발발하였다. 시기가 가히 틈을 탈 수 있다고 여겨 호놀룰루 미주로 가서 흥중회(興中會)를 창립하여

해외 화교를 규합해서 일조를 더 하려고 했다.2)

『건국방략』에서 손문은 청불전쟁이 실패한 그해에 청 정부를 타파하고 민국 건국의 뜻을 세웠다고 분명히 밝히고 있다. 그리고 1894년 청일전쟁의 발발 이전에 손문은 진소백, 우열, 양학령과 4대 도적으로 불리며 홍콩 등지에서 반청사상을 연구하고 고취한 점과 이 당시 혁명에 관한 활동을 분석해 보면 청일전쟁 이전에 혁명사상이 없었다고 얘기할 이유는 없는 것이다.

혁명 전 당시 지식계에서 우리가 주목할 점은, 이 시기 지식인들을 중심으로 커다란 혁명의 물결이 흐르고 있었다는 사실이다. 1900년도 이전에 해외 유학생은 별로 많지 않았으며 일본 유학생이 백여 명 정도 있었다. 이들은 잡지를 출간하면서 프랑스 혁명을 추진하고 작용하게 한 몽테스키외와 루소 등 사상가들의 저작을 번역하고 소개하였다. 그러나 처음에 이들의 활동은 국내에는 별 영향을 주지는 못하였다.

그러다가 1901년부터 일본 유학생이 급증하게 되면서 큰 작용을 하기 시작했다. 1904년에는 일본 유학생이 3천여 명에 달하였다. 이렇게 급증한 이유는 이전에는 과거를 통해 벼슬을 했는데 시대가 변하여 이 당시에는 국내에서는 신식학교 출신들이, 국외에서는 유학파들이 관가로 많이 등용되었기 때문이다. 이처럼 유학이 입신양명의 큰 루트가 되고, 탄탄한 출세 길이 보장되었기 때문에 신해혁명 이전에는 유학비용이 비교적 저렴한 일본 유학이 급증하게 되었다.

일본 유학파들이 새로운 신사상을 접하게 되면서 신해혁명에 촉매

---

2) 손중산, 「건국방략」, 『손중산선집』 상권, 인민출판사, 191-211.

역할을 하는 결과를 낳게 되었다. 예를 들면 이들 유학생을 중심으로 해서 세계 각지에서 혁명조직이 만들어졌다. 하와이의 도청소재지인 호놀룰루(1894년)와 홍콩(1995년)에서는 흥중회가 결성되었고, 일본 유학생 황흥 등이 화흥회를 창단(1904년)하였으며, 일본 유학생 공보전이 광복회를 창단(1904년)했다.

3. 동맹회의 성립과 신해혁명

아시아의 패권을 잡고 있었던 청 왕조가 자그마한 일개 섬나라에 불과한 일본에게 무기력하게 대패한 사건인 청일전쟁이 동아시아 정세에 끼친 영향은 지대하였다.

이 전쟁 이후 조선은 사실상 일본의 세력범위로 편입되었으며 청 정부 역시 국가의 명운이 풍전등화와 같은 형세였다. 청 정부가 받은 정치적 타격과 막대한 외채와 배상금 상환문제는 수습할 수 없는 심각한 문제로 대두되었다. 이에 청 정부는 외국인의 세수(稅收)기관이 되어 세금을 수탈하니 백성들의 생활은 더욱더 궁핍하고 악화되었으므로 중국 도처에서 민주운동이 폭발하였다.

이에 대해 청 정부는 한편으로는 근원적인 문제해결을 위한 노력보다는 강압적인 방법으로 백성들을 압박하였으며 다른 한편으로는 예비헌법 실시를 선포(1906)하면서 준비기간으로 9년을 설정하는 등 형식적인 입헌으로 백성을 기만하였다.

이에 지식인들과 민중들은 쓰러져 가는 중국을 구하기 위하여 부득이하게 혁명의 길을 선택한다. 혁명의 영도세력은 자산계급 정당인 동맹회였다. 동맹회는 흥중회에서 비롯된 정당이었다. 흥중회는 1894 년 손문 선생이 로스앤젤레스에서 창립한 단체로 개량주의적 색채가 진했다. 그때까지만 해도 명확한 정치적 강령이 없었으나 후에 청 정부가 더욱더 부패해지자 개량적인 성향에서 혁명적인 방향으로 전환하게 되었다.

손문 선생은 먼저 삼민주의의 주장을 확정하고 1904년 미국에 있다가 1905년 유럽을 돌아 일본으로 온다. 그리고 일본유학생의 환영회에서 "청 정부를 무너뜨리고 민주공화국을 건립하고 중국을 신속하게 발전시키자."라는 연설을 통하여 혁명에 대한 강한 의지를 표현하였다.

이어서 흥중회와 화흥회 그리고 광복회를 합병하면서 1905년 7월 30일 혁명사상의 주축이 되는 동맹회(중국역사상 최초의 정당)라는 새로운 단체가 탄생하게 되었다. 이 단체는 1905년 8월 20일 정식으로 성립되었다.

동맹회가 공포한 당의 강령은 다음과 같다.

- 만청(滿淸) 정부를 전복시킨다.
- 공화민국을 건립한다.
- 세계의 진정한 평화를 유지한다.
- 토지의 국유화를 주장한다.
- 중일 양국 국민의 연합을 주장한다.
- 세세열강에 중국 혁명 사업을 친성할 것을 요구한다.

이를 통해서 동맹회는 이미 진보적 자산계급의 혁명사상이 있음을 알 수 있다. 게다가 동맹회가 제출한 "평균지권(平均地權)"의 구호는 광대한 농민의 지지를 얻었다.

동맹회는 손문의 지시에 근거하여 삼합회(三合會), 가로회(哥老會), 화교, 유학생들 사이에서 활동하였다. 다른 한편으로는 청 정부의 신군(新軍) 중에서 활동하기도 하였다. 이처럼 신해혁명이 급속하게 청 정부를 전복시킬 수 있었던 원동력은 첫째로는 당시에는 이미 혁명의 분위기가 전국에 걸쳐 형성되어 있었다는 점, 둘째로는 혁명이 광범위한 군중 역량에 의지하고 있었다는 점을 들 수 있겠다.

신해혁명의 성공 이전에 혁명세력들은 흥중회와 동맹회의 지도하에 적지 않은 혁명투쟁을 전개하였다. 예를 들면 1900년의 혜주거사, 1904년의 장사거사, 1906년에 동맹회 주도의 호남성 류양거사, 진남관과 하구에서의 거사, 1910년 광동 신군의 거사, 1910년 3월 29일 최후로 광주 황화강에서 열두 명 열사가 전사한 혁명 등이 있다. 이들 투쟁은 비록 청 정부의 진압으로 실패하였으나 그러나 이들 혁명운동은 신해혁명의 성공을 위한 초석이 되었으며 또한 신해혁명의 서막을 알리는 신호탄이었다고 할 수 있다.

손문은 동맹회 기관지인『민보』를 창간하고 그 발간사에서 동맹회의 강령인 삼민주의를 16자로 간단명료하게 규정하고 이어서 그 까닭에 대한 자신의 생각을 전개하고 있다.

삼민주의

민족주의: 만주족을 쫓아내고 중화를 회복하는 것이다[驅除 韃虜 (만주족), 恢復中華].

민권주의: 민국을 건립하는 것이다(建立民國).

민생주의: 토지 권리를 나누는 것이다(平均地權).

주요 내용을 요약하면 다음과 같다.

저는 유럽과 미국의 진화가 무릇 3대 주의, 즉 민족주의, 민권주의, 민생주의에 있다고 생각합니다. 로마가 멸망한 것은 민족주의가 흥기하였기 때문입니다. 그리고 구미 각국은 독립하였습니다. 제왕이 나라를 통치하면서 전제정치를 강압적으로 실행하니 그 통치하에 있는 백성들이 고통을 견디지 못하여 민권주의가 일어나게 되었습니다. 18세기 말, 19세기 초에 전제정권은 전복되고 입헌정치가 일어나게 되었습니다. 세계가 개화되고 사람의 지혜가 날로 증가하여 물질문명이 발전하게 되니 삶이 날로 편안해지게 되고 지금의 백년이 과거의 천년보다 더 나아졌습니다. 경제문제는 정치문제의 뒤를 이어서, 즉 민생주의가 서서히 꿈틀거립니다. 따라서 20세기에는 민생주의가 등장하는 시대라고 하지 않을 수 없습니다.3)

---

3) 『민보 · 발간사』, 1905년 11월, 『손중산선집』, 75쪽.

제2장
중화민국

1. 무창기의와 중화민국의 성립

1911년 4월 청 정부는 각성이 출자하여 건설한 철로를 국유로 회수할 것을 선포하였다. 이 선언은 마치 폭탄과도 같았다. 이미 자신이 가진 돈을 투자한 백성들은 영문을 몰랐으며 그들은 투자한 주식을 보전하기 위하여 항쟁하였다.

이 항쟁운동은 특히 피해가 심했던 사천성이 극심했다. 이에 당황한 청 정부는 사천성과 이웃하고 있는 호북성의 군대를 동원해서 사천성으로 전출, 진압토록 명하였다. 이로 해서 호북성은 뜻하지 않게 잠시 동안 군사공백 상태에 놓이게 되었다. 혁명군은 이 절호의 기회를 놓치지 않고 봉기하게 되었다.

청 정부가 각성이 출자해 건설한 철로를 국유화하겠다고 선포한 것은 실제로 철로에 대한 권한을 제국주의에게 주는 정책과 다름이 없었다. 이러한 결정에 대해 당시 직예(천진)의 상인들과 자산계급 세력들이 우선적으로 반대하였고 이어서 호남성, 광동성, 사천성, 호북성 등 각성의 인민과 신상(紳商)들도 역시 반대를 표명하고 나섰다.

많은 지역에서 공상계 노동자들은 파업을 하고 학생들이 수업을 거부하는 사태가 연이어 일어났으며, 특히 사천성은 극심하여 천한로(川漢路) 철로 노동자들의 경우는 폭동을 일으키기도 하였다.

이에 당황한 청 정부는 강압적이고 무자비한 진압정책을 채택하였다. 우선 청 정부는 사천성과 이웃하고 있는 호북성의 군대를 동원해서 사천성으로 전출, 진압토록 명하였다. 예를 들면 사천성 대표들이 관할 관청에 가서 청원을 하자 청 정부는 이들 대표 십여 명을 구속시켰다. 이에 성난 군중들이 관청으로 몰려가 석방을 요구하자 청병들은 군중을 향해 발포하여 40여 명을 쏘아 죽였다. 이 사건과 더불어 각성에서 주권을 회복하는 운동을 벌였으며 또 광주의 72열사 사망사건에 격동하여 드디어 신해혁명이 폭발하게 되었다.

1911년 10월 10일(선통 3년, 즉 신해년), 호북성 무창의 공정영이라고 불리는 신군은 혁명당의 주도하에 거사를 일으켰다. 혁명군은 호북성의 군대가 사천성으로 동원되어 이로 해서 호북성이 뜻하지 않게 잠시 동안 빈 상태에 놓이게 된 이 절호의 기회를 놓치지 않고 거사하였다.

호북성 무창에 있던 신식군대는 강하고 열정적이었다. 혁명은 성공하였고 혁명군은 여원홍(黎元洪)을 도독으로 추대하였다. 이때 주요한 변수로 작용하였던 열강들은 중립을 선포하고 혁명거사에 대해서는 간섭하지 않는다는 입장을 선언하였다. 이에 혁명군은 군계국을 점령하고 독서(督署)로 진공하였으며 총독 서징은 도주하였다.

이로써 무창은 드디어 혁명군의 손에 들어가게 되었으며 이후 한양(漢陽)과 한구(漢口)도 점령되었다. 혁명군은 무창을 점령하자마자 신군(新軍)을 민군(民軍)으로 개명하고 중화민국 군 정부를 설립하였다.

무창거사 후 각성은 이에 호응하였고 불과 한 달이 되지 않아 혁명 군은 10여 개 성을 점령하게 되었다. 기타 성들도 연이어 독립을 선언하였으며 두 달 만에 20여 개 지역에서 독립을 선언하고 나섰다. 그중 절대 다수는 양자강과 양자강 이남의 성들이었으며 이들 지역은 청 정부와는 남북대립의 국면을 형성하게 되었다.

독립선언과 남북대립의 국면을 형성하게 되자 청 정부는 이 난관을 돌파해서 헤쳐 나갈 인재를 찾았지만 다른 대안이 없었다. 청 정부는 군권을 잡고 있던 원세개를 다시 기용하고 그에게 전권을 수여하면서 혁명을 평정해주기를 기대하였다. 청 정부는 헌법을 반포하여 원세개로 하여금 내각을 조직하여 수습하려 하였고 또 군대를 파견하여 무한의 인근지역을 공격하여 한양을 점령하였으나 이때는 몰락하는 정세를 만회하기에는 역부족이었고 때가 너무 늦어 있었다.

남경이 민군에 의하여 함락되자 각 성 대표는 남경에 모여 임시정부를 성립하게 되었다. 여기서 손문 선생은 임시 대총통으로 선출되었고 국호를 중화민국으로 정하였다. 민국 원년(1912) 1월 1일, 손문 선생은 남경에서 임시총통으로 취임하였고 이어서 유명한 임시약법(臨時約法)이 제정되었다. 그리고 음력을 양력으로 바꾸고 오색의 깃발을 사용하여 오족(五族) 공화국임을 표시하였다.

〈그림 2〉 1912년 손문이 임시대총통 시절

2. 신해혁명의 위대성

1911년 10월 10일, 열 번의 실패를 거듭한 뒤에 드디어 쌍 십일 날인(지금 대만에서는 이를 기리기 위해 이날을 쌍십절이라 하고 국경일로 정하고 있음) 신해년에 민주혁명이 성공하였다. 역사에서는 이를 신해혁명이라 한다. 반만년 중국역사에서 이보다 더 큰 사건은 없었다. 이보다 더 위대한 사건은 없었다. 중국사회는 신석기 중기 이후부터 부계사회로 진입하였으며 신석기 말부터는 구체적으로 영웅적인 인물들이 등장한다. 복희씨, 신농씨, 수인씨, 황제, 소호, 전욱, 제곡, 요, 순 등의 인물들은 정치적 수장으로서 지배자의 위치를 확고히 하고 그 영역범위를 넓혀 간다. 이때부터 신해혁명이 성공한 1911년까지 중국민중들은 왕권 중심의 봉건사회에서 삶을 살아왔다.

그들은 수천 년의 시간 동안 타의적이고 예속되고 속박된 삶을 살아왔다. 신해혁명의 위대성은 바로 여기에 있다. 즉, 민주공화국 중화민국이 탄생함으로써 민중들은 더 이상 지배층에 예속되지 않고 역사의 주인공으로서 자신들의 생활을 자유롭게 영위할 수 있게 되었다.

고대의 왕들은 백성들을 어떻게 보았을까? 민주대통령이라고 자부하는 대통령들도 국민들을 民草(풀떼기)라고 표현한다든가 혹은 *統治*(모아서 다스린다는 의미)라는 말을 아무 거리낌 없이 사용하고 있다. 민주국가 시대에 대통령은 국민의 복리증진과 행복을 위해 최선을 다해서 봉사해야 하는 심부름꾼일 뿐이다. 국민은 풀떼기도 아니며 모아서 다스리는 통치의 대상도 아니다. 이러한 발상은 봉건시대의 제왕적 대통령의 생각과 같은 것이다.

세종대왕은 훈민정음 창제목적에 대해 다음과 같이 밝히고 있다.

"나라의 말이 중국과 달라 서로 통하지 않으니 불쌍한 백성(愚民)이 말하고자 하는 것이 있어도 문자로 표현하지 못하는 것이 많다. 나는 이를 불쌍히(憫) 여겨 28자를 새로이 제정한다."4)고 기록하고 있다.

이 내용에서 우리가 주목할 점은 세종대왕은 백성들을 불쌍한 백성으로 여기고 보살펴야 할 대상으로 이해하고 있다는 사실이다. 그러나 전제왕권시기에 그나마 백성들을 불쌍하게 여기는 왕은 역사에서 자주 보이지 않는다. 많은 왕들은 백성들을 단지 어리석고 천한 자니 군림해서 다스려야 할 대상으로 여기었다. 고구려 말 연개소문의 경우 그가 길에 행차할 때는 미처 피하지 못하는 백성들은 길가 시궁창에라도 뛰어들어 피해야만 했을 정도이다.

3배 9교의 예절로 상하관계를 엄격하게 구분지은 것으로 유명한 청나라의 마지막 황제는 그의 자서전 『나의 전반생』에서 자신이 백성을 평소에 어떻게 생각하는지 분명하게 회상하고 있다.

한번은 나무인형놀이(木偶戲)를 잘 할 줄 아는 내시가 나를 위하여 공연을 하였다. 나는 매우 기쁘게 공연을 보고는 그 내시에게 케이크를 선물해 주기로 마음먹었다. 그러나 이때 나의 장난치는 취미가 발동하여 그 내시를 골탕 먹이기로 결심하였다. 나는 무술을 연마하는 철을 넣은 샌드백을 찢어서 그 안에 있는 쇠 모래를 케이크 안에 몰래 집어넣었다. 나의 유모가 이를 보고 나에게 "영감님, 케이크 안에 쇠 모래를 넣으면 어떻게 먹어요?"라고 말했다. 나는 유모에게 "내시가 케이크를 먹는 모습을 보고 싶어서요."라고 대답했더니, 유모는

---

4) 『훈민정음』 예의편.

"이가 부러지지 않겠어요? 이가 부러지면 밥을 어떻게 먹어요? 사람은 밥을 먹지 않으면 살 수가 없어요."라고 일깨워 주었다. 나는 그녀의 말이 옳다고 생각했다. 그런데 그렇다면 그 내시를 어떤 방법으로 골려주어야 할지 생각했다. 그래서 나는 "요번 한 번만 해보자."라고 하니 유모는 나에게 녹두를 넣어 보라고 했다. 녹두를 넣어도 꽤 재미있다고 했다. 결국 녹두로 바꾸었고 그 내시는 큰 재난을 면하게 되었다고 한다.

또 한번 나는 공기총을 가지고 놀았다. 아연 탄환으로 내시의 창문을 향해서 쏘아댔다. 창호지에 작은 구멍을 뚫는 것을 보는 것도 꽤 재미있었다. 그런데 누군지 모르겠는데 그 내시는 구원병을 모시고 오지 않을 수 없었다. 그 구원병은 바로 나의 유모다. 왜냐하면 나의 잘못된 행동을 지적할 수 있는 사람은 유모뿐이기 때문이다. 그래서 헐레벌떡 뛰어온 유모는 나에게 "영감님, 방에 사람이 있어요. 방으로 탄환을 쏘면 사람이 맞고, 사람은 창호지와 달리 맞으면 다칩니다."라고 조용히 타일렀다.

나는 이와 같은 행동이 나쁘다는 것을 모르는 것은 아니었지만 그러한 환경에서는 남을 생각하는 마음이 생기기가 쉽지 않았다. 예를 들면 아주 기본적으로 다른 사람도 나와 마찬가지로 똑같은 사람이라는 사실조차도 고려하지 않았다. 내가 치아가 있으면 다른 사람도 치아가 있어 내 치아가 쇠 모래를 물을 수 없으면 다른 사람도 쇠 모래를 물을 수 없다는 사실, 내가 밥을 먹지 않으면 배가 고픈 것처럼 다른 사람도 밥을 먹지 않으며 배가 고프다는 사실, 다른 사람도 나와 마찬가지로 몸에 감각이 있어 몸에 공기총 탄환을 맞으면 아프다는 사실 등을 마음속으로는 다 알고 있지만 실행하기는 힘들었다.

왜냐하면 나 이외의 다른 사람은 모두 나의 노예나 서민에 불과하다고 알고 있었기 때문이다. 따라서 다른 사람은 내 마음속에 없었으며 또한 다른 사람과 나를 더불어 논한다는 것은 상상할 수도 없는 일이었다.

나는 어릴 때부터 궁 안에서만 살아왔다. 그래서 유모와 같이 있을 때에만 비로소 다른 사람과 내가 똑같이 사람이라는 도리를 생각나게 하였다.5)

마지막 황제 부의의 증언을 통하여 우리는 당시 봉건시대 왕들의 백성에 대한 생각을 분명하게 이해할 수 있었다. 그들은 내가 배가 고프면 다른 사람도 배가 고프며, 내가 총을 맞으면 아프듯이 다른 사람도 총을 맞으면 아프다는 사실을 분명히 마음속으로는 다 알고 있었다. 하지만 문제는 자신 이외의 사람들을 자신의 노예로 생각하고 있었다는 사실이다. 따라서 그가 말했듯이 다른 사람은 그의 마음속에 없었으며 또한 다른 사람과 그를 더불어 논한다는 것은 상상할 수도 없는 일이었던 것이다.

이러한 상황하에서 봉건시대의 백성들은 지덕을 갖춘 좋은 왕이 나타나 선정하고 선처하는 것을 바랄 수 있을 뿐이었다. 하지만 신해혁명으로 민중들은 더 이상 비굴하게 타의적인 삶이 아닌 자의적인 삶을 살 수 있게 되었다. 민주공화국 중화민국을 탄생시킨 신해혁명의 위대성이 여기에 있다.

---

5) 애신각라 부의, 『나의 전반생』, 북경, 군중출판사, 1991, 80-81쪽.

3. 신해혁명과 그 역사적 교훈

10번의 거사 실패, 드디어 11번째 무창거사가 성공을 보게 되었다. 10월 호북성 무창에 있던 신식군대가 거사했고 이들은 여원홍(黎元洪)을 도독으로 추대하였다. 이때 열강들은 중립을 선포하고 혁명거사에 대해서는 간섭하지 않는다는 입장을 선언하였다. 기타 성들도 이어서 독립을 선언하고 두 달 만에 20여 개 지역에서 독립을 선언하였다. 그중 절대다수는 양자강과 양자강 이남 성들이었으며 이들은 청 정부와는 남북대립의 국면을 형성하게 되었다.

그러나 기쁨도 잠시 국운은 또다시 먹구름으로 뒤덮이게 되었다. 신해혁명이 성공한 후에 남북대립 상태에서 남방에서는 우여곡절 끝에 1912년, 손문을 임시대총통으로 추대하였다. 하지만 남북의 군사 역량을 비교하여 보면 청 왕조의 군사력은 혁명군에 비해 월등한 것은 분명한 사실이었다. 이러한 현실적인 상황에서 혁명군은 계속하여 남북 강화의 방법을 모색하였다.

그러나 이때 동맹회를 중심으로 한 혁명 통일전선에 분열이 일어나게 되었다. 이들은 청 정부만 무너지면 혁명은 성공적으로 이루어진 것이라는 생각을 가지고 있었다. 결국 남북이 강화해서 청 황제가 퇴위하도록 하자는 주장을 하게 되어, 혁명세력은 봉건세력과 타협하기에 이르렀다. 이러한 과정 중 혁명군은 원세개가 청 황제를 퇴위시키고 공화국을 찬동하기만 한다면 그를 공화국의 총통으로 밀어줄 수 있다고 말했다.

드디어 1912년(민국 원년) 2월 12일 남북이 강화하는 데 성공하여 청 황제는 퇴위하고 신정부를 조직하는 책임을 원세개에게 부탁했다.

이리하여 원세개는 손문을 대신해서 중화민국 대총통이 되었다. 남북 강화의 성공으로 신해혁명의 진정한 승리가 오는 듯하였다.

당시 혁명군은 마지막 황제 부의의 요청에 의하여 청 황제 퇴위 시의 우대조건을 승인하였다. 그 조건은 다음과 같다.

1. 만청황제의 존호(尊號)를 보존하며 황제는 계속 북경의 황궁(지금의 자금성)에 거주토록 한다.
2. 매년 4백만 냥의 비용을 지급한다.
3. 청 황제 및 그 황족들의 재산을 몰수하지 않는다.
4. 왕공세작(王公世爵)은 일률적으로 옛 규칙을 따른다.

혁명군의 이와 같은 황실에 대한 타협과 우대정책은 다른 나라의 혁명사상 전례에서는 찾아볼 수 없는 사례였다. 이때까지만 해도 혁명군의 청 왕실에 대한 우대책이 후에 1917년 선통복벽(宣統復辟) 사건으로 이어지는 불씨를 제공하게 될 줄 누가 짐작했겠는가? 여기에다 혁명군은 또 반혁명 세력의 대표인 원세개와도 타협을 하였다.

원세개의 입장에서는 꿈에도 바라왔던 황제의 자리에 앉을 수 있는 절호의 기회가 찾아 오게 된 것이다. 즉, 앞서 각성이 독립선언을 하고 또 남북대립의 국면이 형성하게 되자 청 정부는 이 돌파구를 헤쳐 나갈 인재를 찾게 되었고 다른 선택의 여지없이 원세개를 다시 기용하여 그에게 전권을 수여하면서 혁명을 평정해수기를 기내하였다. 또한 혁명군은 원세개가 만주족이 아니라 한족이기 때문에 청 황제를 강제 퇴위시킬 수 있으리라 기대하였다. 그래서 손문은 원세개에게 단지 청 황제가 퇴위하고 민주공화국을 하겠다는 약속만 지킨다면 본인은 즉각 사퇴하겠다고 보증한 것이다. 열강들은 원세개가 군인 출신으로 카리스마가 있어 신속하게 남북을 강화하게 하고 질서를 회복하게 하여 외국인이 중국에서의 이권에 침해당하지 않게 하리라 기대하였다. 바로 이러한 3박자가 맞아떨어진 데다가 원세개가 이 여러 방면의 기대를 역이용해서 재빨리 앉아서 혁명의 과실을 착복하였다. 과연 그는 난세의 간웅으로서 손색이 없는 인물이었다.

청 황제를 압박하여 퇴위시킨 후 총통이 된 원세개는 겉으로는 민주공화국을 찬성하는 척하면서 혁명군을 속였으며 또 실권을 장악한 후 혁명군과 한 모든 약속을 저버리고 수도를 남경에서 북경으로 천도하고 내각을 어용기관으로 바꾸는 등 완전한 개인독재를 실행하기 시작했다.

이 같은 원세개의 등장으로 인한 급박한 형세변화는 혁명세력을 당황하게 하였다. 중화민국 성립 후 중국의 정세는 새로운 정당이 우후죽순으로 출현하였지만 소수 몇몇 정당이 권력을 주재하고 있었다. 각 정당은 선거를 통해 국회를 조직하고 국가의 정사를 토론하였다. 다수당은 내각을 조직할 수 있고 국회를 통해서 새로운 총통을 선출할 수 있었다. 국민당은 원세개의 독재정치를 해결할 수 있는 대안으로 정당정치에 총력을 기울이기로 한다.

국민당(이때는 이미 동맹회를 국민당으로 개칭하였음)은 1913년 선거에 절대 우세에 있었으므로 이 선거에서 승리를 하게 된다면 문제는 쉽게 해결할 수 있다고 기대하였다. 그러나 원세개는 이에 대해 큰 위협을 느꼈으며 사람을 암암리 보내 국민당의 실제 책임자인 송교인(宋敎仁)을 암살하도록 했다. 역사에서 이를 "송안"이라고 부른다. 그리고 원세개는 또 여러 정당을 연합해서 국민당을 제재하였다.

송안사건과 원세개의 적절치 못한 조처들로 해서 국민당은 원세개에게 크게 실망하였고 드디어 어쩔 수 없이 무력으로 반격할 것을 결정했다. 1913년 손문의 지도하에 각성의 국민당 당원은 연이어 병사를 이끌고 원세개를 토벌하였는데 이를 역사에서 "2차 혁명"이라고 부른다.

그러나 1913년 국민당이 2차 혁명을 발동하여 원세개 토벌을 천명하였지만 민국 성립 이전에 동맹회는 군사훈련을 받은 적이 없었으니 혁명의 진정한 역량이 되기에는 부족한 점이 많았다. 또한 각지에서 일어나는 조세에 대한 저항 등에 대해 조직적으로 대처하지 못하였다. 그리고 민국성립 이후에도 "평균지권"을 실행하지 않았고 역시 군중의 생활을 개선하는 데 노력하지 않았다.

그리고 결정적인 사실은 이때에 제국주의들은 표면적으로는 중립을 채택하였으나 암암리에 원세개를 도와주었다. 예를 들면 공개적으로 2천 5백만 냥을 원세개에게 빌려주어 군 기계를 사들이도록 하였으며 군대를 확충하여 혁명군을 공격토록 종용하였다. 이러한 상황에서 군중들을 동원한 봉건세력과의 싸움에서 승리를 기대할 수 있었겠는가? 게다가 혁명파 내부의 분화와 민심이 전쟁에 염증을 느끼고 있는 데다가 열강이 원세개에게 재정지원을 하고 있는 실정이므로 "2차 혁명"은 얼마 되지 않아 곧 실패로 끝나고 말았다. 2차 혁명 결과는 완전 실패였다.

"2차 혁명" 후 원세개는 진일보하여 임시약법을 수징하고 국민당을 해산하였다. 이처럼 국민당 의원의 자격을 취소하였으므로 정족수는 크게 부족해서 국회를 열 수 없었다. 결국 1914년 초 원세개는 정식으로 국회를 해산시키고 각 성 성의회를 해산하고 국무원을 없애고 정사당(政事黨)을 설립하였다. 이때 원세개는 사실상 "황제총통"이 되어 있었다. 막 싹이 트는 의회정치는 불행하게도 자라지도 못하고 개인의 야심으로 꺾이고 말았다.

원세개의 주변에는 그의 환심을 사려는 사람들이 넘쳐 났으며 황제에 대한 야망을 품었던 원세개 역시 그들의 말만 들으려 하였다. 예를 들면 미국 국적 고문 고덕락(古德諾)은 일찍이 1913, 4년에 벌써 중국은 공화정치를 실행하기에 적합하지 못한 나라라고 말해오다가 1915년에 이르러서 원세개에게 공개적으로 중국은 군주체제를 채용하는 것이 적합하다고 발언하였다.

최초의 복벽파 양도(楊度) 등은 즉각적으로 "주안회"를 결성해서 제제(帝制)를 고취하였다. 드디어 이들이 부추기고 본인이 결심하여 1915년 말 원세개는 제위에 등극하고 1916년을 홍헌(洪憲) 원년으로 개정하였다.

하지만 중화민국 초에 정국은 비록 문란하였으나 주류 여론은 확고히 공화정체를 옹호하고 제제를 반대하는 분위기였다. 원세개는 황제의 꿈에 집착한 나머지 사회의 분위기와 정세를 잘못 판단하였다. 원세개는 즉각적으로 전국의 격심한 반대 세력에 부딪혔다.

명칭을 개칭한 중화민국 혁명당은 손문의 지도하에 원세개가 아직 황제가 되기 전에 벌써 원세개 반대운동을 전개하였다.

1915년 제제를 옹호하는 언론이 떠돌 때 양계초는 "다르구나! 소위 국체라는 문제(異哉所謂國體問題者)"라는 글을 발표하고 군헌(君憲)을 옹호하는 언론과 행동에 대해서 크게 질책을 가하였다. 그리고 원세개가 황제가 된 후에 그의 제자인 채악(蔡鍔)을 통해서 운남 도독인 당계요(唐繼堯)가 호국군을 조직해서 원세개를 토벌하도록 하였다.

이에 반제제는 전국적인 운동으로 확산되었다. 원세개는 안팎으로 공격을 당하고 대중이 이반하는 상황에서 결국 1916년 초에 제제를 취소할 것을 선포하였으며 중국은 다시 공화체제를 회복할 수 있었다.

1915년부터 원세개는 제국주의의 도움을 얻어 황제가 될 야심을 실현키 위하여 노력하였다. 따라서 거리낌 없이 일본과 21조를 체결하는 매국적 행위를 하게 되었다. 또 거짓된 입헌회의를 하고 민의를 조작하여 인민이 자신을 황제로 옹호한다고 주장하여 진짜로 황제 노릇을 하기 시작하였다. 그러나 이는 시대의 흐름에 역행하는 반역사적인 행동이었음이 증명되었다. 그의 칭제거동은 83일의 황제로 그치게 되었으며 민중들에 의해 하야하게 되었다.

여원홍이 대총통이 되고 얼마 되지 않아 원세개는 병세가 악화되어 죽었다. 원세개가 하야한 후에 중앙 정부는 유력한 지도력을 지닌 지도자가 부족해서 원세개의 부하들이 분분히 일어나 지역에 할거하면서 군벌이 국정을 통제하는 장을 여는 시대를 열었다(1916~1928).

이 군인들은 동향, 사생, 동창, 친척, 각료 등 여러 관계를 의지해서 서로 각기 다른 파벌을 형성했다. 이들은 서로 끌어주고, 혹자는 서로 공격을 가하기도 했다. 이리하여 중화민국 초의 사회는 암울한 국면을 형성하였으며 혼란은 극에 달한다.

각 지역을 점거하고 있는 군벌들은 인민에게 과중한 세금을 부과하고 각종 자원을 징수하여 농촌경제에 지대한 영향을 미쳤다. 게다가 평균 매해 14성이 전쟁 중이었다는 통계가 나왔을 정노로 민생에 큰 피폐를 끼쳐 비록 오랫동안 전승되어온 왕권정치가 사라지고 공화정체가 실행되기는 하나 인민의 생활이 조금도 나아지지 않았던 것이다.

대표적인 군벌세력은 단기서(段祺瑞)를 우두머리로 한 환계(皖系), 풍국장(馮國璋)과 조곤(曺錕)을 우두머리로 한 직계(直系), 장작림(張作霖)을 우두머리로 한 봉계(奉系) 등 3대 군벌이 있었다. 1927년 국민혁명군 사령 장개석은 광주를 기지로 국민혁명군을 이끌고 북벌을 시작했고, 1929년 말 봉계 수장인 장학량이 국민당으로 귀순하므로 북벌은 일단락되고, 군벌이 할거하는 국면의 종식을 가져왔다.

신해혁명은 군중을 발동하지 않았으며 또한 봉건세력과 타협하여 혁명의 과실을 바로 원세개에게 넘겨주었다. 따라서 신해혁명을 평가할 때에 실패한 혁명이었다고 평가한다. 그러나 신해혁명은 나름대로 성공적인 측면이 있다.

1. 중국에서 몇천 년간 유지해온 황제제도를 종식시켰다. 이로 인하여 중국과 아시아 제국의 민주공화국의 서광을 열었다.
2. 청 정부가 중국에 건립한 『민족감옥』을 전복하였다. 당시 제국주의가 바로 이 『민족감옥』을 이용하여 중국인민을 통치하려고 하였던 점을 감안한다면 이러한 혁명은 바른 판단이라고 볼 수 있다.

중일갑오전쟁의 결속으로 청·일 간에 마관조약(1915)이 체결되고 원세개에 의해 매국적인 황제제의 부활(1915)에 이르기까지 20년의 세월이 흐른다. 이 20년 동안에 제국주의는 떼를 지어서 중국을 분할하였다.

청 정부는 이미 제국주의에 저항하기에는 너무나 무력하였다. 단지 제국주의의 통치가 중국을 압박하는 도구로써 존재할 뿐이었다.

반면에 중국백성들은 제국주의의 압박을 견디지 못하고 살길을 찾다가 자발적으로 반제국, 반외세의 구호로 거사할 뿐이었다. 그러나 이 거사는 청 정부에 의해 이용될 뿐이었고 실패로 끝나게 되었다.

이에 중국 민중은 제국주의를 타도하기 위해서는 반드시 청 정부를 타도해야 한다는 것을 깨닫게 되었다. 결국 신해혁명이 폭발하게 되었다.

그러나 이 혁명은 자산계급의 지도하에 진행되었고 그리고 청 정부를 전복시키는 데 성공하였으나 실제는 실패한 혁명이었다. 신해혁명은 혁명적 개혁은 조금도 집행하지 않았으며 단지 청 황제의 손아귀에 있었던 정권을 봉건군벌 원세개의 수중에 쥐어준 것에 불과하였다. 즉, 청 정부를 "중화민국"이라는 빈 푯말로 바꾸어 오히려 원세개가 공개적으로 매국하고 공개적으로 인민을 도살하고 공개적으로 황제를 하게 함으로써 이후 혼란한 군벌의 시대가 전개되는 국면이 형성되게 하였다. 이로써 중국민중은 전에 없었던 고통의 수렁으로 빠지게 되었다.

역사에서 신해혁명은 혁명으로서는 성공하였지만 결과는 실패한 혁명이라고 한다. 『손자병법』에 의하면 하고자 하는 일을 성공하기 위해서는 첫째는, 시기(天時), 둘째는 장소(地理), 그리고 셋째는 다른 사람과의 조화(人和)가 이루어져야만 이루어낼 수 있다고 한다. 신해혁명의 경우 이 세 가지 조건이 딱 맞아떨어진다. 당시 중국사회는 진퇴양난의 힘든 시기였으며 혁명만이 유일한 출로라는 것은 모두기 인지한 사실이었다. 누군가가 불만 붙이면 모두가 자신을 태워 민주국가를 이루어낼 마음의 준비가 되어 있는 상황이었다. 혁명의 시기가 온 것이다.

　장소의 경우는, 신해혁명이 성공하기 이전까지 무려 열 번에 걸친 혁명실패의 역사가 있었다. 그러나 이때까지는 주로 광동성 광주에서 혁명을 시도하였는데 열한 번째 거사인 신해혁명의 경우는 호북성 무창을 혁명의 장소로 선택하였다. 그런데 공교롭게도 혁명 발생 전에 사천성 성도에서 성도혈안(成都血案)이 발생하여 호북성의 군대를 성도로 이동시키는 사건이 발생하였다. 혁명이 성공할 수 있었던 두 번째 이유이다.

　마지막으로 혁명파와 민중들의 일치된 마음의 조화는 혁명성공의 세 번째 이유이다.

　이처럼 민중은 민주혁명을 갈구하였고 또한 손문 선생의 주도로 성공시키었는데 왜 결과적으로 실패한 혁명이 되었는지 생각해 보지 않을 수 없다. 그 당시 민주혁명은 시대적으로 볼 때 민중의 최대의 소망이었으며 이러한 민중의 염원을 손문 선생은 온몸을 바쳐서 실현해내었다. 그러나 손문 선생은 거듭되는 혁명의 실패로 혁명을 어떻게 해서 성공시킬 수 있느냐가 우선 관건이었으므로 혁명 성공에 대한 연구에만 몰두하였으며 혁명 성공 후에 대한 구체적인 연구 계획을 아직 세우지는 않았던 모양이다. 사상 강령은 있었으나 행정 강령은 없었다. 그래서 10번의 실패 끝에 드디어 성공하는 쾌거를 거두었으나 사전의 치밀한 정책적 준비 없이 안타깝게 혁명의 과실을 원세개에게 넘겨주고 말았다.

　항상 중립을 선언하면서 조차지에 상주했던 열강들은 여러 가지 방법을 사용해서 원세개가 혁명의 과실을 찬탈할 수 있도록 도왔다. 그래서 혁명이 일어나자마자 북경에 주둔하고 있던 외교단은 청정부에 원세개를 기용할 것을 건의했고, 원세개가 총리대신으로 임명되었을 때는 즉시 그에게 축하를 보냈다.

북경에 주둔하고 있던 외교단은 원세개에게 외교적으로 힘껏 도와주었고, 정치적으로도 지지를 표명하였으며, 재정적인 면에서도 원조를 제공하고 차관도 해주어 금융적으로 안정을 기하고 정권을 공고히 하게 하였다. 이러한 열강들의 적극적인 도움하에 원세개는 청정부와 손문 혁명당을 이기고 북양군벌 통치를 수립할 수 있었다. 이와 같이 열강들은 조차지에서 매번 중립을 선언하나 그것은 거짓이고 실제로 암암리 중국의 혁명과 내정을 간섭하고 있었다.

이 사건 이후에 중국은 다시 혼란의 소용돌이 속으로 빠져들게 되었다. 민주공화국을 약속하였던 원세개는 약속을 저버리고 황제로 등극하였으며 그의 사후에는 그가 양성한 군벌들이 전국을 할거하는 북양군벌의 시대로 이어진다. 민주혁명을 통한 민주국가 실현의 꿈은 산산조각 나 버렸다. 따라서 중국사회는 1949년 중화인민공화국의 탄생 때까지 전란에 휩싸인다.

손문 선생은 평생의 그의 꿈과 소망을 너무나 쉽게 무기력하게 포기하였다. 그의 한순간의 결정은 이후 중국 역사를 과거로 후퇴시키는 결과를 초래하였다.

춘추전국시대 송양공은 그 자신의 판단 잘못으로 역사의 웃음거리가 되었다. 한번은 송양공이 여러 제후들을 이끌고 패국인 제를 멸망시킨 후 초에게 패국의 자리를 약속받았다. 그런데 초왕이 약속을 저버리고 송양공을 포로로 잡았다고 한다. 이후 제후들의 도움으로 풀려나긴 하였으나 그의 어리석음은 역사의 웃음거리가 되었다. 또 한번은 정나라가 초나라에게 조공을 바친다고 하여 정나라를 치려 했더니 초나라가 정나라를 도와 송나라를 쳤다고 한다. 이때부터 정나라는 국세가 기울어 망했다고 한다.

북송시대 북송이 여진을 도와 거란을 멸망시키고 나니 여진은 자신의 견제 세력인 여진이 제거되자 돌아서서 북송을 침략했다. 남송시대에 와서 똑같은 역사가 반복되었다. 남송이 또 몽고를 도와 여진을 치니 몽고 역시 자신을 견제하는 세력이 없어지자 돌아서서 자연스럽게 남송을 침략하였다.

역사는 돌고 도는데 북송의 경우를 보고도 남송의 정치가들은 똑같은 과오를 범했던 것이다. 원대한 목표와 거대한 꿈을 갖고 정치를 하는 것이 아니라 근시안으로 눈앞의 이익만 쫓다가 참변을 당한 꼴이 되었다.

손문 역시 혁명에는 성공했으나 결과적으로는 나라를 잃은 결과를 초래하였다고 볼 수 있다. 그의 결정은 어떤 면에서 보면 역사를 후퇴시킨 측면이 있다고 하지 않을 수 없다. 지도자는 역사를 진전시키고 발전시키기 위하여 과단성과 혹은 결단성, 현명함 내지 멀리 내다보는 천리안도 함께 지니고 있어야 한다.

〈그림 3〉 1915년 10월 일본 도쿄에서 손문과 송경령 부부

제3장
원세개(袁世凱)와
군벌의 시대

1. 원세개(袁世凱)

1912년 1월 1일 손문은 중화민국 임시총통에 취임하였다. 그러나 임시총통에 당선된 지 두 달 만인 1912년 3월 10일 원세개는 중화민국의 총통 자리를 대신한다. 이로써 신해혁명의 과실은 원세개에게 돌아갔고 원세개는 손문에게 약속하였던 청 황제를 퇴위시키고 공화국을 만들겠다는 약속을 모두 저버리게 된다. 이에 역사에서는 이로부터 신해혁명은 실패하였다고 말한다.

원세개의 삶과 정치 역정을 살펴보면 그의 이러한 행동은 우연의 소산이 아니라는 것을 쉽게 발견할 수 있다. 원세개가 처음에 정치무대에 등장한 것은 과거시험을 통해서가 아니고 1882년 조선으로 와서 오장경 밑에서 일을 하기 시작하였다고 한다. 초기에 원세개의 직책은 "선석녕무저"라는 미미한 직이었으니 불과 몇 년 만인 1885년에는 승승장구하여 이홍장의 추천으로 "주조총리교섭통상사의"의 직책을 맡으면서 사실상 종주국의 대표로서 조선에 부임하게 되었다.

조선은 사실상 원세개의 관직 진출의 소망이 실현된 꿈의 무대였다. 그러나 입신양명으로는 탁월한 수완을 보였던 원세개는 정치적으로는 실패의 연속이었다. 예를 들면 소위 종주국의 대표였던 원세개는 명성 황후의 친척인 민영환에게 침을 뱉는 등 평소의 오만하고 방자한 행위로 인하여 1894년 청일전쟁 발발 시 조선이 일본 편을 들어 청에 선전포고를 하는 결과를 낳게 하였다. 이런 측면에서 보면 청 왕조의 멸망원인과 청일전쟁의 패배에 대한 책임에는 원세개와도 불가분의 관계가 있음을 알 수 있다.

전쟁이 청 왕조의 대패로 기울자 원세개는 전쟁이 진행되는 기간에 밤에 몰래 인천에서 배를 타고 귀국하였다. 이후 원세개는 중용되지 못하다가 다시 정계에 들어갈 기회를 잡는다. 1898년 광서황제와 강유위 등이 정변을 발동할 것을 모의하고 강유위가 직접 원세개를 찾아가 도와줄 것을 요청하자 요청을 받은 원세개는 흔쾌히 도와줄 것을 약속하고 다음날 밤에 서태후를 몰래 찾아가 밀고하였다.

이 사건으로 원세개는 당대의 실력자 서태후의 총애를 한 몸에 받게 되었다. 이것이 원세개를 간사한 것이 으뜸인 사람으로 부를 수 있는 이유이다. 조선에서 정치에 입문한 원세개는 자신이 가진 권력을 남용하여 오만하고 방자한 행동을 일삼았으며 결국은 그의 행동이 조선 측에서 그에게 등을 돌리고 일본을 도와 청을 공격하게 하는 원인을 제공하였다.

원세개는 청일전쟁 중 청이 연전연패하는 상황에서 귀국하였다. 그런데 귀국 이후에도 나라의 이익은 염두에도 없고 다만 자신의 영달을 위해 광서황제와 서태후의 권력투쟁이 진행되는 틈을 이용하여 광서를 배신하고 서태후의 충견이 되었다. 그는 가히 역사가 낳은 간웅(奸雄)이라 할 수 있다.

서태후에게 신임을 얻은 원세개는 1901년 이홍장이 사망하자 이홍장이 가지고 있던 직예총독 및 북양대신의 직을 이어받게 되었다. 이로써 사실상 원세개는 청 정부의 군권을 장악하게 되었다.

이후 1908년 서태후와 광서황제가 병사하고 마지막 황제 부의가 황제로 등극하고(당시 나이가 3세이며 연호는 선통으로 정함) 청조의 정세는 급격하게 요동친다. 이때 원세개에게 잠시 위기가 다가온다.

부의의 부친인 재풍은 세 살 난 아들을 대신하여 섭정을 하면서 1909년 10월 북경에 자정원을 설치하고 1910년 10월에 각 성에는 자의국을 성립한다. 이 기구는 지금의 의회와 같은 성격이지만 실제는 황제의 자문 역할을 하는 정도였는데 그러다가 1911년 4월 드디어 내각이 구성되고 내각의 각부장관이 임명된다.

그러나 문제는 그 구성원들의 대부분이 황족이라는 사실이다. 각 부에 임명된 장관 13인 중 8명이 만주족이고 5명이 황족이었으며 국무총리는 황제의 할아버지인 경친왕 혁광이었다. 진실로 형식만 갖춘 내각이었다.

이러한 급격한 정치변화 중에 실력자 원세개는 재풍으로부터 견제를 받는다. 섭정을 하고 있는 재풍의 입장에서도 원세개가 갖고 있는 직예총독 겸 북양대신의 직책뿐만 아니라 원세개가 직접 양성하고 훈련하고 지휘하는 당시 최강의 병력인 북양군 6진은 두려움의 대상이 될 수밖에 없었다.

예를 들번 북앙군 세6진을 통솔하는 단기서의 경우는 원세개가 직접 키운 인물로 청 정부 역시 통제가 불능한 상태였다. 그래서 서태후 사후에 재풍과 조정대신들은 원세개에게 위협을 느끼어 암살계획까지 세웠다고 한다.

그러나 1911년 10월 10일 신해혁명이 발생하자 청 정부는 어쩔 수 없이 원세개에게 또다시 호광총독의 직을 제수하고 난을 다스리게 하였다. 원세개가 당시의 최강병력인 북양 6진을 실제 조정하기 때문에 청 정부는 선택의 여지가 없었다.

이와 같은 청 정부의 조치에 대한 원세개의 태도는 매우 흥미롭다. 그는 먼저 발병이 났다는 이유로 호광총독의 직책을 거절하였다. 그리고 정부 측에서 재차 독촉하니 6항목의 조건을 내세웠다.

1. 다음해 국회를 소집할 것
2. 책임내각을 조직할 것
3. 당금(黨禁)을 개방할 것
4. 무한(武漢)거사 인사에게 관대할 것
5. 지휘전방군대(指揮前方軍隊)의 전권을 줄 것
6. 군비와 군량을 충분히 제공할 것

이 내용의 의미는 청 정부가 자신에게 군사·정치의 모든 권력을 넘겨 달라는 의미이다. 결국 청 정부로부터 사실상 군권을 넘겨받은 원세개는 손문과의 협상을 통하여 청 황제를 하야시키고 민주공화국을 하겠다는 조건으로 1912년 3월 10일 중화민국 총통의 자리에 오르게 된다.

원세개는 서태후 사망 후 마지막 황제 부의를 선택했다가 이용가치가 다하자 이번에는 손문을 그의 정치적 희생물로 이용하여 황제의 퇴위조건과 민주공화국을 하겠다는 거짓된 약속으로 중화민국의 총통이 되었으며 이리하여 그의 평생의 야심이었던 황제에 대한 꿈을 실현하여 간다.

청 황제 부의의 경우는 원세개의 강요에 의하여 1912년 2월 12일 퇴위선언을 하게 된다. 이로부터 청 정부 260년간의 통치뿐 아니라 2천 년간의 황제전제제도가 결속된다.

아래에 부의의 퇴위조서를 소개한다.

선통(宣統) 3년 12월 25일(1912년 2월 12일)
대청황제(大淸皇帝) 선통(宣統) 3년 12월 25일
지(旨) 3도(道) 및 조건

봉지: 짐은 삼가 융유황태후(隆裕皇太后)의 의지(懿旨)를 받듭니다. 일전에 군인과 백성들이 기사를 일으키고 각성에서 호응을 해서 중국 전역이 들끓어 민생이 도탄에 빠진 까닭에 특별히 원세개에 명해서 군인과 백성들의 대표와 대국을 토론해서 국회 열 것을 의논하고 공개적으로 정부의 체제를 결정하기로 하였다. 2개월 이래 아직 확실하고 적당한 방법을 찾지 못하고 남과 북은 어긋나고 간격이 생기고 피차 서로 대치하고 있어 의논은 도중에서 좌절되고 병사는 들에서 노숙하니 쓸데없이 국가의 체제가 하루 결정되지 않으면 백성의 생활은 하루도 안정될 수 없다. 지금 전국 인민의 마음은 대개가 공화국으로 기울고 있으며, 남쪽과 중부의 각성은 앞서 이미 의론을 제창하였으며 북방의 여러 장령들도 그 후에 주징하였다. 인심이 향히는 바를 천명은 가히 알 것이니라. 나 역시 어찌 일개 성씨의 존영으로 인해 백성의 좋고 싫음을 거스를 수 있겠는가? 이것은 밖으로는 대세를 관찰하고 안으로는 여론의 상황을 살펴 특별히 황제를 모시고 통

치권을 전국 모두에게 공으로 해서 공화입헌국체로 정하였다. 즉, 원세개가 임시 공화정부를 조직할 전권을 부여하며…….

선통 3년 12월 25일	개용	어보	
내각총리대신	원세개		
서외무대신	호유덕		
민정대신	조병균		
학무대신	소영	가	
학무대신	당경숭	가	
육군대신	왕사진	가	서명
서해군대신	담학형		
사법대신	심가본	가	
서농공상대신	희언		
서우전대신	양사이		
이번대신	달수		

봉지: 짐은 삼가 융유황태후(隆裕皇太后)의 의지(懿旨)를 받듭니다. 많은 백성이 빈곤하고 고달파서 내각대신과 민군에게 칙서를 내려 황실을 우대하는 여러 조건에 대해 토의함으로써 평화적인 해결방안을 모색하였다.

선통 3년 12월 25일	개용	어보
내각총리대신	원세개	
서외무대신	호유덕	

민정대신	조병균		
학무대신	소영	가	
학무대신	당경숭	가	
육군대신	왕사진	가	서명
서해군대신	담학형		
사법대신	심가본	가	
서농공상대신	희언		
서우전대신	양사이		
이번대신	달수		

갑. 대청황제의 퇴위 후의 우대조건

지금 대청황제께서 공화국체를 찬성한다고 선포하는 까닭에 중화민국은 대청황제의 퇴위후의 우대조건을 좌와 같이 한다.

제1조항 대청황제의 퇴위 후에 존호는 여전히 예전과 같이 사용하며 변하지 않는다. 중화민국은 외국 군주를 준하는 예로 대우한다.

제2조항 대청황제의 퇴위 후에 한 해 4백만 량을 사용하며 신화폐로 바꾼 후에도 4백만 달러로 하며 이것은 중화민국에서 지불토록 한다.6)

부의 퇴위조서의 작성자는 장건이었으나 조서는 사실 원세개의 위탁에 의하여 작성된 것이었다. 그런데 이 조서의 내용은 원세개에게 임시공화국 정부를 만들라는 것인데 문세는 원세개는 이 내용에 근거하여 자신을 임시공화국의 수령으로 선포한 사실이다. 이 사실은

---

6) 『중화민국사당안자료회집』, 제1 · 2집, 중국, 강소: 강소고적출판사, 1989.

혁명정부를 승계하겠다고 손문과 처음 약속하였던 것을 위배한 중대 사건으로서 이 소식이 알려지자 손문은 강력하게 항의를 한다. 하지만 손문이 공화정부는 청 황제가 위임할 수 없다고 문제를 제기하자 원세개는 또 교묘하게 자신이 총통이 된 것은 청 황제의 위촉이 아니라 북방 각성의 대표들이 자신을 추대하였기 때문이라고 답변하였다.

이에 손문은 격분하였으나 근대적 무기로 무장한 신군을 가진 원세개의 무리한 행위를 저지하지는 못하였다. 드디어 원세개는 모든 약속을 저버리고 1912년 3월 10일 북경에서 임시 대총통에 취임하였다. 이로써 신해혁명은 실패로 돌아간다.

마지막 황제 부의는 1912년 퇴위조서를 내리고 자금성에 계속 살다가 1925년 군벌세력인 단기서에 의해 강제로 추방된다.

원세개의 인생을 보면 가히 전설적이다. 원세개는 조선에서 말단직으로 시작하여 결국에는 청을 퇴위시키고 자신이 중화민국의 총통이 되었을 뿐만 아니라 이후에는 민주공화국 제도를 종식시키고 황제의 자리에 오르게 된다.

자신의 부와 영광을 위하여 부단하게 노력한 점에 대해서는 존경할 만한 인물이다. 그는 정식 부인만 아홉 명이었다고 한다. 하남성의 부잣집 딸 우 씨, 소주의 기생 심 씨, 조선왕실의 여자 김 씨, 김 씨의 하녀, 그가 사랑하였던 양 씨 등등이다.

하지만 한 국가를 통치하는 사람이 자신만을 위한 삶을 살 수는 없는 것이며 그것은 옳지 않는 일이다. 모든 일에 이익을 따라 다니고 계산적이며 일을 성공시키기 위하여 수단과 방법을 가리지 않으며 평생을 향락과 즐거움만 생각하고 계획하는 삶이 무슨 의미가 있겠는가? 그러나 원세개의 일생은 이러하였기에 후대에 와서 그를 일대의 간웅(奸雄)이라 부르는 것도 과하지는 않을 듯하다.

원세개는 황제가 되고 싶었다. 그러나 그 시기가 좋지 못했다. 원세개가 황제가 되려고 하였을 때는 공교롭게도 제1차 세계대전이 일어났을 때였다. 서양 열강들은 신해혁명 때 또는 2차 혁명 때처럼 원세개를 지지할 수 없었다. 열강들은 자신의 일만으로도 힘에 벅찼다. 남을 돌볼 틈이 없었다.

그러나 원세개는 황제가 되기 위해서는 누구의 도움이 반드시 필요했었다. 그는 일본을 선택하였다. 원세개는 황제가 되기 위해 일본의 지지를 얻고 싶었다. 혼자 중국을 독식하고 싶었던 일본 역시 매우 좋은 기회였다. 일본도 이 기회를 이용해서 중국에 대한 통제권을 강탈하려고 하였다. 양자는 서로의 욕심을 채울 좋은 상대였다.

1914년 6월 세계대전이 폭발했는데 일본이 영·프협약국에 참가하였고, 8월에 독일에 선전포고를 했다. 일본은 중국의 주권을 무시하고, 강제로 산동용구(山東龍口)에 상륙하고, 교제철로(膠濟鐵路)를 점령하고, 독일이 점령하고 있는 교주만(膠州灣, 즉 청도) 조차지로 향해 진공했다. 그리고 중국인민을 노예처럼 부리거나 유린하다 못해 도살까지 했다. 11월 7일 일군은 청도를 점령하고, 교제철로를 통제하였다. 그리고 전쟁이 결속되어 중국정부는 일본에게 철수를 요구했지만 일본은 난폭하게 거절했다.

1914년 말 일본주화공사 히오키 마쓰(日置益)는 중국외교차장 차오루린(曹汝霖)과 암암리 거래를 하였다. 만약 중국이 복벽을 원한다면 일본은 반드시 찬성할 것이라는 내용이었다. 1915년 1월 18일 히오키 마쓰는 원세개를 알현했고, 면전에서 원세개에게 "21조" 요구를 직접 건네주면서 조항마다 설명을 덧붙이고, 아울러서 "만일 이 조건을 받

아들인다면, 일중이 친선하다는 것을 증명하는 것이 되고, 일본 정부
는 원세개 총통에게 무슨 일이 있을 때는 도와줄 것이다."라고 표명
했다.

1915년 2월 25일 임호(林虎)와 이근원(李根源) 등 11명이 황흥(黃
興), 진혀명(陳炯明), 백문울(柏文蔚), 유영건(鈕永建), 이열균(李烈鈞)
등 2차 혁명의 군사영수 5명에게 전보를 보냈는데 이들은 한편으로
는 원세개의 독재체제를 비난하고, 다른 한편으로는 전반적인 대세를
살펴 혁명 중지를 표명하면서 원세개가 "보이완용지후진자(步李完用
之後塵者)"라고 말했다. "보"라는 것은 "걷는다"는 뜻이고, "후진"이
라는 것은 "걸을 때 위에서 나는 먼지", 즉, **"이완용이 걸어간 뒤에 남
긴 먼지를 밟고 가는 사람"**이라는 뜻으로, 즉 매국노 이완용이 가는
길을 그대로 따라가는 매국노라는 뜻이다. 그 결과 중국 각지에서 각
계인사들의 반일운동이 전개되었으며 일제불매운동도 전개되었다.7)

모택동의 시대에 모택동의 총애를 받으며 후계자로까지 낙점받았
던 임표의 경우는 1860년에서 1864년 사이에 모택동의 환심을 사기
위하여 수단과 방법을 가리지 않고 모택동을 연구하고, 모택동이 좋아
하고 싫어하는 것, 모택동의 심리상태, 모택동의 동향 등을 일일이 파
악하여 모택동을 보았을 때 무슨 말을 하고 어떻게 행동해야 할지를
미리 다 계산하고 결정해 놓았다고 한다. 그러나 그의 이러한 비정상
적인 정치행보는 결국 자신에게 화를 미치게 하였고 정치생명도 끝나
게 했다. 마찬가지로 원세개 역시 평생의 삶이 자신에게는 후하고 다
른 사람들은 자신의 권력과 행복을 유지하는 도구 정도로 생각하는

---

7) 朱宗震, 『眞假共和』, 중국 산서성 태원시: 산서인민출판사, 2008년, 271 – 4.

것이었다. 그의 말로 역시 매우 불행하였음은 재론의 여지가 없었다.

2. 북양군벌과 전국의 할거

1912년 3월 10일 원세개는 중화인민공화국의 대총통에 취임한다. 그리고 불과 몇 년이 지난 후에 그동안 약속하고 공언하였던 모든 약속을 저버리고 원하고 갈망하였던 군주제를 회복한다. 원세개는 자칭 중화제국의 황제로 선포한다.

1916년 1월 1일 원세개는 황제 등극대전을 거행하기로 예정하였으나 당시 조류는 이미 민주의 흐름으로 접어들었고, 전국의 민중들은 각성하기 시작한 때였다. 따라서 원세개의 등극대전 소식이 알려지자 전국적인 반원운동이 일어났다. 군주제는 취소되었고 원세개는 83일 동안 황제의 자리에서 어리석은 꿈을 꾸다가 1916년 화를 삭이지 못하고 죽고 만다. 이로부터 중국사회는 군벌의 할거하는 전국적인 동란시기로 접어든다.

중국은 1840년 아편전쟁 이래로 외국과의 싸움에서는 연전연패하였고 국내적으로는 계속되는 내란으로 국가적 위기상황에 처하였다. 이에 청 조정은 서양의 신식군대에 맞설 수 있는 군대를 양성하는 것이 시급하였다.

그래서 청은 원세개의 주도하에 녹일군을 본떠서 신식군대를 양성하게 된다. 이것이 바로 신건육군(新建陸軍)이다. 이 신건육군은 1904년까지 6개 사단이 편성되었고 북양육진이라고 불리어진다. 그런데 이 북양육진은 본래부터 원세개에 의해 양성되었고 또 관리되었기 때문에 실은 원세개의 사병과 같은 역할을 담당하였다.

1916년 원세개 사후 여원홍(黎元洪)이 총리, 풍국장(馮國璋)이 부총리, 단기서(段祺瑞)는 내각총리로 임명되었다. 하지만 이때는 이미 원세개가 이끌었던 북양6진 세력을 중심으로 한 군벌세력들은 많은 파로 나누어지며 지방의 많은 군사 지도자 역시 자신의 병사를 기반으로 세력을 넓혀 지방군벌을 형성하게 된다. 원세개 사후 중국사회는 군벌세력들이 전국을 할거하며 다투는 혼란한 국면이 전개된다.

군벌할거 국면의 형성에는 심각한 사회의 근원에서 연유되었다. 첫째는 중국사회의 반봉건성에 의해서 결정되었기 때문이다. 군벌은 원래 대량의 토지를 소유한 지주로 지주계급의 정치대표이다. 둘째는 중국사회의 반식민성에 의해서 결정되었기 때문이다. 제국주의 열강들은 원세개 사후 중국에서의 자신들의 이익을 유지하고 확대하기 위하여 군벌들을 후원하려고 하고, 또 군벌들은 자신들의 세력을 확장하기 위해서 제국주의를 의지할 필요가 있었다. 따라서 군벌할거의 국면은 필연적이라고 할 수 있다.

북양군벌 중에 세력이 비교적 큰 것은 다음과 같다.

단기서를 중심으로 한 환계(皖: 안휘성의 약칭이며 안이 안휘성 합비 출신이므로 그를 환계라 칭함): 단기서는 안휘성, 산동성, 절강성, 복건성 등 지역을 장악하였으며 또한 장시간 동안 북경을 장악하여 명목상 중앙정부이었다.

풍국장을 중심으로 한 직계(直은 하북성의 약칭으로서 풍국장이 하북성 하간 사람이므로 그를 직계라고 하며 청나라 때는 하북성의 약칭이 직이었음): 풍국장이 강소성, 강서성, 하북성, 천진 등의 지역을 장악하였으며 자주 단기서 반대세력들을 연합하여 싸웠다.

장작림을 수장으로 하는 봉계(이전에는 요녕성을 奉天이라 하였으며 장작림이 이 지역 출신이므로 그를 봉계라 칭함): 장작림은 동북삼성을 장악하다가 1928년 일본인이 열차를 폭파시키는 바람에 사망하였다. 그 뒤를 아들인 장학량이 이어서 동북삼성을 호령하는 봉계의 수장이 되었다.

진계(秦系, 진은 산서성의 약칭): 군벌의 염석산

전계(滇系, 전은 운남성의 약칭): 군벌의 당계요

계계(桂系, 계는 광서성의 약칭): 군벌의 육영정

강소성, 서주 일대 장훈은 비 북양계 지방 군벌을 이루었다.

이들 군벌 세력들은 원세개 사후에 자신의 지반을 넓히고 권력을 차지하기 위하여 끝없이 서로 반목하고 싸움을 일삼았다. 이와 관련해서 몇 가지 예를 들면 다음과 같다.

원세개 사후 부총통이었던 여원홍이 대총통 자리를 이었다. 하지만 실권은 군무총리 겸 육군총장인 단기서의 수중에 있었다. 그런데 1917년 초에는 일본이 단기서에게 독일에 선전포고할 것을 요청하였다. 단기서는 이 기회를 틈타 일본에게 차관을 도입해 자신의 세력을 넓힐 목적으로 참전을 주장하였으나 여원홍은 단기서의 세력을 견제하기 위해 참전을 반대하고 단기서의 국무총리직을 해직시켰다. 이로부터 여원홍과 단기서는 내립의 각을 세우며 날카롭게 대립한다.

이에 1917년 6, 7월 사이에 장훈(張勳)은 여원홍과 단기서의 충돌[부원지쟁(府院之爭)]을 해결한다는 명목으로 그의 변자군을 이끌고 와서 여원홍을 쫓아버리고 국회를 해산하고 마지막 황제였던 부의의 복벽을 단행하였다.

그랬더니 단기서는 이 기회를 틈타 토역군(討逆軍)을 조직해 장훈을 쫓아내고 부의 역시 재차 퇴위시켰다. 이어서 풍국장이 대총통의 자리를 잇고 단기서는 국무총리의 명의로 대권을 휘두르게 된다.

장훈의 복벽사건을 정리하면 다음과 같다.

제1차 세계대전 발발 후 일본은 차관의 조건으로 북양정부가 참전할 것을 종용하고 경제적으로 중국을 조정하려고 기도하였다. 그 당시 북양대군의 대권은 단기서의 손아귀에 들어 있었다. 단기서는 제국주의를 의지해서 차관을 하고 또 군사를 훈련하여 무력으로 중국을 통일하려고 하였다. 그래서 일본이 차관을 제의하였을 때 그는 매우 흥미로워했다.

미국의 경우는 일본이 홀로 중국의 이익을 독차지할 것을 방지하려고 총통 여원홍을 지지하면서 중국이 참전하는 것을 반대하였다. 그래서 여원홍과 단기서 간에 갈등이 생겨 "부원지쟁(府院之爭)"이 일어났다.

단기서는 원세개 정부에서 육군총장을 담당한 관계로 많은 군벌 정객들을 망라하고 있어 북경정권을 통제하는 큰 세력을 형성하고 있었다. 그의 부하들은 여원홍에게 불복종하고, 또 여원홍도 자신의 권위를 유지하기 위해서 안간힘을 쓰고 있어 결국에는 "부원지쟁(府院之爭)"이 일어났다. 그 결과 여원홍은 단기서의 총리직무를 면책하였으나 단기서의 세력이 막강하여 그의 군사정치 압박을 견딜 수 없어 할 수 없이 서주의 장훈을 불러들여 조정하도록 했다.

장훈은 원래 원세개의 부하였는데 청 황제가 퇴위한 후에도 스스로를 청 정부의 충신으로 자처하고 있었다. 그래서 그는 변발을 하고 있었고, 자신뿐만 아니라 그의 부하들도 모두 변발을 하고 있으므로 "변자군(辮子軍: 변발을 한 군대)"이라 불렀다.

1917년 여름 서주군벌 장훈은 "변자군"을 인솔하고 "부원지쟁(府院之爭)"을 조정한다는 명목하에 북상하였다. 그는 먼저 여원홍을 압박해서 국회를 해산시키고 그 다음 청 폐제 부의(溥儀)를 복벽시켜 "선통(宣統)" 연호를 회복시켰다. 여원홍은 할 수 없이 외국대사관에 피신하였다.

장훈의 복벽활동은 전국인민의 반대에 부닥쳤다. 손문은 『토역선언(討逆宣言)』을 발표하고, 각계각층에서 장훈복벽에 대하여 성토하였다. 단기서는 장훈을 이용해서 여원홍을 몰아냈으니 자신의 목적이 관철된 것을 보고 즉각 천진에서 "토역군(討逆軍)"을 조직해서 북경으로 진공하였다. 장훈이 패배를 당하고 부의는 다시 퇴위하게 되고, 단기서는 공신으로 자차하므로 다시 국무총리직에 임명되었다.

단기서는 다시 집권한 후에 『임시약법(臨時約法)』 회복과 국회소집을 거절하였다. 이에 손문은 공화제도를 유지보호하기 위해서 1917년 여름 호법운동을 창도하였다. 손문은 광동으로 남하하여 서남군벌의 힘을 빌려서 호법운동을 전개하려고 하였다.

가을에 손문의 호법을 찬성하는 국회의원은 광주에서 비상 국회를 열어 손문을 대원수로, 서남군벌 당계요와 육영정을 원수로 신출하였다. 호법운동을 개시한 후에 손문은 북벌을 호소하였으나 서남군벌은 북벌할 생각이 없고 다만 손문의 명성으로 자신들의 세력을 확대할 생각뿐이었다. 그때 북양군벌 풍국장은 강화를 주장하고 나섰고, 이를 기회로 남북의 군벌들은 매우 신속하게 단결하게 되었다. 이 같은 현상에 손문은 크게 실망하였으며 남북 군벌은 하나같이 똑같은 오랑캐라는 사실을 깨닫고 1918년 대원수의 직을 사직하고 광주를 떠났다. 이로 해서 호법운동은 실패로 끝났다.

이처럼 당시의 중국사회는 군벌들이 전국을 할거하면서 상호 간의 권력다툼을 벌이고 국가 혼란을 조성하는 난세이었다. 이러한 군벌 통치하에 백성들은 하루하루 가슴 졸이며 살얼음을 밟듯이 전란의 불안 속에서 숨죽이며 생활하고 있었으며 이로 인한 중국 사회문화의 파괴는 매우 심각한 지경에 처하게 되었다.

당시 군벌들의 심각한 문제점은 자신이 장악하고 있는 지역 대부분의 이권을 혼자 독차지하고 있다는 점이다. 이들이 가지고 있는 재산은 너무나 많으며 말은 군벌이라고 하지만 사실 그 지역의 황제와 같은 지위가 있었다.

이들 군벌 중 비교적 존경받는 사람이라고 하는 장작림과 장학량 부자의 재산을 란귀전(欒貴田)의 증언에 의해서 살펴보면 아래와 같다.

란귀전은 장작림의 은사 양경진(楊景鎭)의 사위이다. 일찍이 장작림을 위해 내장방(內帳房)을 지낸 적이 있다. 란귀전 자신은 19세부터 장작림 밑에서 장부를 관리하였다고 말했다. "918사변"이 시작하자마자 떠났다. 다음 자료들은 1965년 란귀전을 방문했을 때의 기록이다. 장작림이 공 상업에 투자, 경영한 항목들은 꽤 많다. 수십 년이 지난 지금 단지 란귀전의 기억에 의지해서 본문을 기록한 관계로 이것은 일부분일 뿐이다.

1) 장작림의 재산 및 소유기업

(1) 토지와 주택

① 통료현(通遼縣) 전가점(錢家店) 약 50여 방(방은 45마지기에 해당한다)

② 고산자숙지(高山子熟地) 5백 천(天)(매 천은 10마지기에 해당한다)

③ 영구대고감(營口大高坎) 130천

④ 봉천성(奉天省)에 장작림 소유 자산으로 연산만(連山灣)에 상당한 토지

⑤ 북진현(北鎭縣)에 5만여 향(垧) 토지, 봉천(지금의 심양)에 집 한 채와 저택 한 채

⑥ 총 자산으로 약 5천만 원 소유

(2) 기업

① 심양삼여량잔(瀋陽三畬糧棧), 자본 5만 원, 경리(사장) 양제보(楊濟普)

② 영구대고감삼여당(營口大高坎三畬當), 자본 5만 원, 경리(사장) 왕풍화(王豊華), 경영인원 40여 명, 양식, 기름공장, 전당포, 사채를 경영하며, 아울러서 지폐를 인쇄함(일찍이 전표 100만 원을 인쇄한 적이 있다)

③ 요원정가둔경여상(遼源鄭家屯慶畬祥), 사본 5민 원, 경리(사장) 왕성서(王盛瑞), 경영인원 30여 명, 양식과 전당포를 경영함

④ 흑산강가둔삼여당(黑山姜家屯三畬當), 자본 5만 원, 경리(사장) 종성지(宗成之), 경영인원 40여 명, 전당포와 정미소를 경영함

⑤ 팔도호매광(八道壕煤礦)

⑥ 변업은행(邊業銀行), 자본 5백만 원, 경리(사장) 강우전(姜雨田),
   위석구(韋錫九)

⑦ 중흥매광(中興煤礦), 자본 4만 원

⑧ 항원방사창(恒源紡紗廠)

2) 장작림의 아들인 장학량(張學良: 동삼성의 보안총사령) 소유 자산

① 봉천 서관(西關)에 저택 한 채와 토지 1천(天: 10마지기)이 있는
   데 약 2만 원에 해당함

② 중동철도(中東鐵道) 따라 비탈 부근에 4백 방(方: 약 45마지기에
   해당한다)의 토지와 산림을 소유하고 있음

③ 봉천, 하얼빈영구, 철령의 정미소

④ 동북은행 50만 원

⑤ 대창흥군농장 50만 원

⑥ 강화공사 1만 원

⑦ 영흥철공창 3만 원

⑧ 괴여상군농장 5만 원

⑨ 봉천실업은행 3만 원

⑩ 동북반점 2만 원

⑪ 대흥철공장 대야철공장

⑫ 봉해철로, 봉천방사창 등등8)

---

8) 팽명주편, 『중국현대사자료이집』, 북경: 중국인민대학출판사, 1989, 44 – 49쪽.

원세개 사후 10년간은 이들 군벌의 시대이었다. 이들은 막강한 군사력을 바탕으로 자신의 근거지를 장악하였는데 이런 과정에서 큰 문제는 막대한 군사비 지출문제이다.

필연코 이들은 군사비를 마련하기 위하여 농민과 상민들을 약탈하고 수탈하였고 아편을 재배하고 판매하였으며 심지어는 이들의 유통을 위하여 국민에게 아편을 피울 것을 강요하였다.

또 중국의 이권을 외국에게 주고 차관을 빌리는 반민족적 행위를 아무런 거리낌도 없이 행하게 된다. 예를 들면 1917년에는 단기서 정부가 일본의 21개조 요구를 승인하고 대신 차관을 했고 1918년에는 단기서는 또 일본과 중일 공동 방적협정을 체결하여 중국 내의 일본군의 군사기지 설치와 자유로운 군사행동을 보장하면서 대신 차관했다. 이러한 작태로 하여 일본이 1931년부터 쉽게 중국을 침략하게 하는 계기를 마련해 주게 되었다.

이 같은 군벌들의 무리한 정치형태와 각종 수탈과 약탈로 인하여 중국경제는 파탄 직전으로 내몰렸다. 이에 농민과 상인 등이 살 수 있는 유일한 방법은 거지가 되든지 아니면 그들의 용병이 되는 것 중 둘 중의 하나를 선택해야만 했다. 그래서 군벌의 중심부대는 빈농, 거지, 도적 출신 등으로 가득했다고 한다.

이들 군벌 세력들은 1924~27년 사이에 국민당과 공산당의 제1차 국공합작으로 기본적으로 제압이 되었다. 이렇게 쉽게 군벌 세력이 제압될 수 있는 이유는 봉계 장학량과 밀접한 관계가 있나.

일관되게 국가와 민족을 위해서는 자신은 무엇이든 할 수 있다는 삶의 원칙을 가지고 있었던 장학량은 국공합작이 시작되자 장개석 밑으로 들어오기로 약속을 하였었다. 만약에 장학량의 희생이 없었다면 군벌 세력을 제압하는 데 난점이 많았을 것이며 국공합작이 쉽게 성공하지는 못 했을 것이다.

그런데 다른 문제가 발생했다. 장학량이 군대를 데리고 1930년 9월 18일 장개석에게로 오자(南下入關) 호시탐탐 중국을 노리던 일본이 동북지역에 군대가 없는 것을 보고 만 1년 만인 1931년 중국을 침략하였던 것이다. 이어서 1937년에는 노구교사건을 계기로 본격적으로 중국을 침략하게 되었다.

장학량은 1931년 일본 침략이 시작되자 장개석에게 자신이 가서 싸우겠다고 강력하게 요청했는데 장개석은 공산당 소탕이 우선적이라고 생각했기 때문에 절대 불가하다고 결정을 내렸다. 1931년 일본 침략 이후 5년을 인내해온 장학량은 드디어 더 이상 장개석의 결정을 좌시할 수가 없어 결국 중국의 역사를 바꾸게 되는 서안사변을 발동하게 된다.

장학량은 서안에서 장개석을 연금하고 국공합작을 통한 일본항전을 강력하게 요청한다. 결과적으로 장개석의 동의를 받아냈다. 이 사건은 중국 현대사의 흐름을 완전히 바꾼 일대 사건이 되었다. 이 사건으로 공산당은 자신들의 활로를 찾았고 반면에 국민당은 공산당 소탕의 절호의 기회를 놓치게 되면서 일본과 항전 중에 기력이 쇠잔해졌다.

서안사변 후 장학량은 장개석을 남경까지 배웅하였는데 도착하자마자 장개석은 장학량을 체포하였다. 이때부터 장학량의 감금생활이 시작되어 49년 공산당에게 패망당해 대만까지 밀려가서 2대 총통 장개석의 아들인 장경국(蔣經國) 때까지 지속되다가 1993년 3대 이등휘(李登輝) 때 비로소 연금이 해제되었다.

　　장개석의 생각은 장학량 때문에 국공합작을 하고 이로 인하여 공
산당의 세력이 커져 결국 국민당이 패배하기에 이르렀다는 것이다.
이같이 장학량 때문에 국가를 내주었다는 생각 때문에 대만에서 장
학량의 총살명령을 내리기도 했었다.

제4장
신문화운동

1. 신문화운동의 배경

청조 말의 중국사회는 내우외환이 끊이지 않았으며 이에 대한 해결방안으로 청 왕조는 양무운동, 유신운동, 입헌군주 등 할 수 있는 모든 것을 해보았다. 그러나 이러한 형식적인 개혁만으로는 쓰러져가는 청 왕조를 살릴 수는 없었다.

마침내 중국민중은 민주혁명을 선택하였으며 1911년 10월 10일 신해혁명은 성공하였다. 그러나 신해혁명은 비록 성공했다고는 하지만 혁명의 과실은 정상적으로 운행되지 않고 있었다. 그 당시 지식인들은 문화의 전반적인 혁신이 필요하다고 절실히 느끼었으며 일종의 새로운 문화를 진작시키려고 노력하였다.

이런 취지하에 소위 "신문화운동"이 일어나게 되었다. 신문화운동의 목적은 전통문화에 대한 전면적인 섬토와 너불어 새로운 문회와 사상을 도입하는 데 있었다. 신문화운동이 일어날 당시의 중국사회는 비록 정치체제는 민주공화정 사회이었지만 실제로 국민들의 의식 상태는 봉건시대의 그것과 다름이 없었다.

더군다나 신해혁명 후 원세개는 혁명의 과실을 앗아가고 이것도 부족하여 개인의 사욕을 채우기 위해 황제제도를 복벽시키어 자신이 중화제국의 황제로 행세하였다. 이러한 현실은 중국 민족에게는 역사를 거슬리는 큰 재난과도 같은 일대 사건이었으며 중국사회는 미래의 희망도 꿈도 없는 암흑과도 같은 세상이 되어가는 듯하였다.

그리고 이보다 더 심각한 문제는 신해혁명 후에 원세개가 잠시 황제 행세를 한 것을 제외하고는 정치체제가 민주국가의 형태임에도 불구하고 그 당시 백성들 대부분이 민주국가가 무엇을 의미하는지를 잘 모르고 있는 데 있었다. 백성들은 민주국가가 무엇이며 또 자신이 국가의 주인이라는 사실을 잘 이해하지 못했고 주권을 행사하는 일은 더더욱 모르는 상태에 놓여 있는 상황이었다.

백성들은 현재의 상태에 대해서 뭐가 뭔지 모르는 듯하였으며, 그리고 봉건제이든 또는 민주제이든 관심을 두지 않았으며 단지 자신들이 생활하는 데에 있어서 큰 변화가 없기를 바랄 뿐이었다. 잦은 병란으로 인해 생활고에 시달려야 하는 큰 불편함이 그들의 큰 관심사일 뿐이었다.

이와 같이 백성들은 세상이 어떻게 변했는지도 모르는 상태에서 얼떨떨하게 생활하였으며 민주의식은커녕 아직까지도 자신을 노예와도 같은 사람으로 인식하고 있었다.

이러한 사실은 민주주의 발전에 큰 저해요소가 되지 않을 수 없었다. 예를 들면 청나라 봉건왕조의 상징인 변발의 경우 많은 국민들이 자르기를 원하지 않았다. 그 이유는 단순한 것이 아니었다. 물론 전래된 관습을 고치는 것은 결코 쉬운 일은 아니라는 사실은 우리 모두다 잘 알고 있다. 하지만 변발을 자르는 것을 거부하는 이유는 실질

적이었으며 또한 종합적인 이유가 내포되어 있었다.

첫째, 전통적인 생활인습이다. 아무 생각 없이 원래 전래되어지는 것을 고수하는 습성이 있는 것이다.

둘째, "신체발부는 수지 부모"라 하여 부모님한테서 물려받은 몸을 함부로 훼손시킬 수는 없다는 생각에서다.

셋째, 머리를 자르게 되어 청조가 다시 부활하게 되면 자신의 목이 날아가든가 또는 능지처참을 당할 것이라고 굳게 믿고 있었던 탓이었다.

이런 의미에서 신문화운동은 당시 사회에 지대한 영향을 끼친 사상적인 면에서의 사상해방운동이라고도 할 수 있다.

신문화운동의 선구자들은 신해혁명의 결과 중국에서 결코 진정한 민주정치가 건립되지 못함을 보고 대대적으로 **민주사상**을 고취하며 봉건전제정치를 반대하였다. 그들의 주장은 다음과 같다.

첫째, 중국이 생존하려고 한다면 "관료전제적인 개인정치"를 버리고 "자유적이고 자치적인 국민정치"로 바꿔야 한다고 지적하였다.

둘째는 진정하게 민주정치를 실현하려면 반드시 전국 대다수 사람들의 정치에 대한 각성이 있어야 하며 자각해서 스스로 "주인이라는 주동적인 지위"에 있어야 한다.

또 **과학**에 대해서는 과학적인 태도를 갖고 전통 관념과 모든 사회문제를 직면하자고 주장하고 그리고 미신적이고 종교적이며 봉건적인 옛 도덕 등 허영과 불합리한 신앙을 타파해야 한다고 주장하였다.

신문화운동은 1910년대 후반기부터 시작되었는데 1910년대에는 지식인을 선두로 해서 민족 공업이 진일보 발전함에 따라 두 가지의 운동이 전개되었다. 하나는 1915년 후 일본침략에 반대하는 일제불매운동이고 또 다른 하나는 혁명 형태의 촉진이 계속되는 동안 반봉건적 신문화운동이 전개되었다.

신문화운동의 주요 제창자는 진독수(陳獨秀), 이대소(李大釗), 채원배(蔡元培), 호적(胡適), 노신(魯迅), 전현동(錢玄同), 유반농(劉半農), 오우(吳虞) 등이 있다.

1915년 9월 진독수는 상해에서 『청년잡지(靑年雜誌)』(『청년잡지』는 1916년 2권 1호부터 『신청년』으로 개명하였다)를 창간하였다. 이것은 신문화운동의 흥기를 의미하는 표지이다.

진독수는 창간호에 『경고청년(敬告靑年)』이라는 글을 실었다. 이글에서 그는 중국사회의 암흑을 언급하면서 "덕선생(德先生)"과 "새선생(賽先生)", 즉 민주와 과학이라는 두 가지 구호를 제창하였다. 그리고 명확하게 "우리는 지금 이 두 선생만이 중국의 정치, 도덕, 학술, 사상적인 모든 흑암을 구제할 수 있을 것이라고 여긴다."고 선언하였다. 또 청년들에게 진리라고 믿어왔던 진부한 관념에 대하여 과감하게 감히 의심을 품고 실사구시(實事求是)의 정신으로, 즉 사실에 의거해서 진리를 탐구하여 스스로 구원하도록 호소하였다. 이 잡지는 진보적인 지식인들과 관련되어 점차적으로 신문화운동의 중심으로 발전하게 되었다.

민주는 말 그대로 민주정치를 말하는 것이고, **과학**은 자연과학과 사물을 보는 과학적인 관점과 태도를 말하는 것이다. 이에 대하여 진독수는 이로써 무기를 삼아 봉건주의를 향해서 투쟁하자고 하였다. 그는 프랑스 자산계급혁명이 『인권선언』에서 반포한 "사람마다 법률 앞에서 모두 평등하다."를 숭상하였다. 그는 인권을 무기로 해서 중국이 프랑스와 미국의 자산계급혁명을 모방해서 중국의 공화를 실현할 것을 요구했다. 진독수가 말한 민주는 주로 자본주의 정치제도를 말하며 그가 말하는 과학은 자연과학을 말한다.

『신청년』은 이 같은 민주와 과학을 선전하는 매개체 역할을 담당했다. 그들은 중국이 낙후한 상태를 벗어나려면 "반드시 과학과 민주를 동일하게 중요시해야 한다."고 주장하고 있었다.

이와 같이 민주와 과학사상은 신문화운동의 중심내용이 되었으며 이외에도 옛 예교의 타도와 공맹의 학설을 타도하는 **반공자 사상과** 내용이 없고 허무적인 문학 역시 개혁해야 한다는 취지로 **문학혁명** 역시 신문화운동의 주창자들이 힘써 주장하는 중심내용이 되었다.

이 외에 이대소와 노신 등 신문화운동의 주창자들은 구문학과 고문 팔고문을 반대하고 **백화문운동**을 제창하였다. 이를 위하여 이들은 신문과 잡지에 백화문으로 기고를 하였으며 새로운 학술사상을 연구하고 소개하였다.

2. 반공자운동

반공자운동은 그 당시의 사회적인 배경과 예민하게 맞물려 있었다. 신해혁명 후에 원세개는 그동안 약속하였던 모든 것을 저버리고 애써 혁명으로 없애버린 황제로 다시 등극하였고 또 장훈은 청의 마지막 황제 부의를 복벽시키는 등 황제제의 부활 움직임이 끊임없이 일어나고 있었다. 신문화운동의 주창자들은 이러한 사회적인 현상은 뿌리 깊이 박혀 있는 전통적인 공자 숭배 사상과 깊은 관계가 있다고 생각하였다.

진독수(陳獨秀)는 "존공(尊孔: 공자를 존경한다)을 주장하면 반드시 임금을 세울 것이고 임금을 세울 것을 주장하면 반드시 복벽한다."고 주장하였다. 진독수의 논리는 유교의 삼강오륜은 임금에게 충성하고 부모에게 순종하며 지아비를 따르도록 하여 봉건등급 제도를 유지토록 하는 것이 핵심논리이며 이러한 관계에서는 일반사람은 귀족의 노예가 될 수밖에 없으며 공자가 제창하는 봉건시대의 도덕은 현대의 민주정치와는 맞지 않는 구시대의 도덕이라는 주장이다.

그래서 반공자운동은 기존의 전통사상을 모두 부정하는 데 초점이 있는 것이 아니고 봉건적인 사고에서 벗어나고 민주의 길을 걸을 수 있는 방법은 바로 공자를 반대해야 한다는 것이다. 이것이 바로 반공자운동이다.

이와 관련해서는 당시에 하나의 큰 사건이 있었다. 원세개가 1915년 12월 황제로 칭하고 1916년 9월 강유위는 북양군벌정부에 상서를 올려 유교를 국교로 제정하고 헌법에 기입하여 유교로써 입국의 정신으로 삼을 것을 제안하였다. 이 소식에 격분한 이대소는 1917년 1월「공자와 헌법」문장을 발표하여 공자를 존중하는 것에 대하여 격렬하게 반대하고 동시에 공자를 존중하는 내용을 헌법에 열거하는 것을 반대하였다.

그 내용을 소개하면 다음과 같다. 우리는 이 내용을 통하여 그 당시 그가 왜 반공자운동을 제창했고, 또 반공자 사상에 관한 그들의 논리를 이해하는 데 도움이 될 것이다.

공자와 헌법은 전혀 관계가 없다. …… 괴담의 사실은 무엇인가? 즉, 헌법 초안 중에서 "국민교육은 공자의 도로 수신의 근본으로 삼는다."라고 규정하고 있다. 혹자는 이것이 무슨 괴담이냐고 물을 것이다.

공자는 수천 년 전의 잔해와 썩은 해골이다. 헌법은 현대 국민의 혈기 정신이다. 이 수천 년의 잔해와 썩은 해골이 현대 국민의 혈기 정신에 유입해서 결정체가 된 헌법은 사람을 진부하게 하고, 죽은 사람의 헌법이지 결코 산 사람의 헌법은 아니다. 광천 하의 헌법이 아니라 우상 권위를 보호하는 헌법이며 민생을 보장하는 헌법은 아니다. 이것은 공자의 기념비며 공자의 묘지명이다. 이것이 어찌 헌법이라는 말인가? 이것이 어찌 헌법이라는 말인가?

공자는 역대 제왕의 전제정권의 호신 부적이다. 헌법은 현대 국민의 자유의 증명서이다. 전제정권은 자유를 수용하지 못한다. 그러므로 공자는 당연히 헌법에 존재할 수 없다. 지금 전제정권의 호신부적인 공자가 자유 증명서인 헌법에 들어갈 수는 없다.

공자는 국민 중의 일부분이 소위 공자의 무리가 성인이라고 한다. …… 일부분이 존경하고 숭상하는 공자인 성인을 전 국민의 운명을 기탁하는 헌법에 들어가 있는 것은, 즉 그 헌법이 일부분 사람들의 헌법이지 국민 전체의 헌법이 아니라는 것이다. 소위 공자 교도들의 헌법은 한족, 만주족, 몽고족, 티베트족, 회족, 불교, 도가, 예수교 등 여러 종족들이 공동 준수하는 헌법이다. 지금 이 헌법은 일부 사회의 헌법이지 일개 국가의 헌법이 아니다. 9)

이대소는 또 1917년 2월 『갑인』 월간지에 또 「자연석 윤리관과 공자」라는 글을 실었다. 이 글에서 그는 모든 자연현상과 사회현상은

---

9) 이대소, 「공자와 헌법」, 1917년 1월, 『이대소선집』, 77-78쪽.

발전, 변화하는 것이며 고금의 사회가 같지 않고 고금의 도덕 역시 서로 다르다. 그러므로 새로운 도덕을 확립하기 위하여 구도덕을 파괴해야 하며 비록 신성한 것을 훼손한다는 불법적인 이름을 무릅써도 역시 아깝지 않다고 주장하였다.

오오는 유교와 봉건적인 가족제도에 대해 맹렬하게 공격을 하였다. 그는 "유교는 2천 년 동안 전제정치와 가족제도를 묶어둔 뿌리며 그 병폐는 진실로 홍수와 맹수보다 더 극심하다."고 주장하였다.

노신의 경우는 얼마 후에 신문화 운동에 참여하였는데 그의 운동에 대한 열정도 대단하였다. 그는 작품을 통하여 반봉건 투사가 되었다. 1918년 4월에 노신은 『광인일기』 백화문 소설을 발표하였다. 이 작품에서 그는 無情한 유교가 인간을 잡아먹는 진실을 폭로하며 몇천 년 동안의 역사가 바로 인간을 먹는 역사임을 적나라하게 고발하였다. 아래에 그 내용의 일부를 소개하고자 한다.

노신은 헤어져서 오랫동안 보지 못하였던 중학교 동창이 중병을 앓고 있다는 소식을 들었다. 그래서 고향에 갈 기회가 생겨 친구 집을 방문하였는데 친구는 이미 완쾌되어 관리가 되어 있었고 친구의 형만이 그를 반겨주었다. 친구의 형은 동생이 병을 앓고 있을 동안 동생이 쓴 일기 두 권을 보여 주었다. 이것이 바로 '광인일기'이다.

광인은 동네에서 만나는 사람마다 자신을 먹을 것이라고 생각을 한다. 그 이유를 곰곰이 생각하니 봉건주의의 옛 역사책을 발견한 이유밖에 없었다. 역사책을 훑어보니 "인의도덕"이라는 글자들로 가득 차 있는데 그 글자들 틈 사이로 책 가득 "사람을 먹는" 얘기뿐이었다. 그래서 마을 사람들과 심지어 자기와 가장 가까운 형마저도 자기를 먹을 것이라고 생각하기에 이른다. 어느 날 마을 사람들이 한 나쁜 놈을 때려 죽이고 몇 사람이 그의 심장과 간을 끄집어내 먹었다는 소식을 듣고 더욱 "사람을 먹는" 얘기는 옛이야기가 아니라 현실에 일어나고 있는 사실로서 나에게도 일어날 것이라는 생각을 굳히게 된다.

그래서 형을 찾아가게 되고 형에게 역아(易牙)가 자신의 아들을 걸주(桀紂)에게 쪄서 바친 고사와 서석림(徐錫林)을 먹은 얘기를 하면서 마을 사람들이 나를 먹으려 하는데 형은 참가하지 말아 달라고 청원한다. 사람을 먹은 사람은 아무 일도 할 수 없고, 그들이 나를 먹는 것과 같이 형을 먹을 수도 있다는 얘기를 하자 형은 하인을 시켜 광인을 방에 가두게 된다. 광인은 방에서 여동생의 죽음을 상기하고 그녀 역시 모두가 먹었을 것이고 나도 몇 절음 먹었을지도 모르며 지금은 자신의 차례라고 생각을 한다. 4천 년 동안 사람을 먹는 역사가 진행되어 왔다. 진짜 사람을 안 먹은 사람을 보기 어렵다고 생각한다. …… 끝으로 사람을 먹지 않았을 사람이 혹은 아직도 있으리라 생각하고 **"아이를 구해주세요."**라고 쓰는 것으로 광인일기를 끝내며 그래도 사람을 먹지 않은 사람, 즉 유교와 관계없는 사람이 있어 이 땅을 구제할 일말의 희망을 쓰고 있다.[10)]

신문화운동의 결실을 맺게 한 사람은 노신이었다. 노신은 본명이 주수인(周樹人)이며, 절강성 소흥(浙江省 紹興) 사람이고 서향세가(書香世家: 대대로 이어온 명문 선비집안)이나. 조부는 힌림과 지현을 지낸 적이 있으나 과거시험 부정행위로 하옥되어 이로 해서 부친은 병

---

10) 노신 「광인일기」, 『노신선집』, 북경: 인민문학출판사, 1992, 9 - 20쪽.

상에 눕게 되었고 성내 유명 명의를 부르고 거금을 들였으나 아무런 효험도 없이 세상을 떠났다.

노신 집안은 이로 해서 몰락의 길을 가게 된다. 원래 일가친척들의 존망을 받아왔던 노신 일가는 조부의 부정부패 연루문제로 일순간에 신뢰를 잃어버린다. 일가 친척들은 갑자기 돌변해서 모두 얼굴을 돌렸고 조소를 보냈다. 이 모든 것은 장자인 노신의 입장에서 볼 때는 큰 충격이었으며 세상이 보여 주는 이런저런 작태 역시 그에게 여러 생각을 하게 하였다. 이러한 경험들이 후에 그의 사상 형성에 깊은 영향을 주었고, 그의 작품에 크게 반영되었다.

이후 노신은 가세가 기운 관계로 과거시험의 정도를 걸을 수 없어 신식학당에서 공부를 했다. 그는 먼저 수사학당(水師學堂)과 광로학당(礦路學堂)에서 공부하였으며 그 다음에는 일본에 건너가서 8년 동안 유학생활을 하였다. 그는 맨 처음 선대의전(仙臺醫專)에서 서양의술을 공부했다. 서양의술을 배워 자신의 아버지와 같은 환자가 치료될 수 있기를 희망했다.

그러나 후에 그는 문학가로 전향하였다. 그가 문학가가 되기로 결심하고 문학가가 된 데는 한 장의 사진 때문이었다. 한번은 수업시간에 강사가 시사 사진 한 장을 보여 주었는데, 그 사진을 보는 순간 노신은 큰 충격에 휩싸였다. 그리고 그 사진은 그의 인생, 그의 진로를 완전히 바꿔놓았다. 그 사진은 어떤 사진이었고 어떤 사연을 담고 있었기에 노신의 인생을 완전히 바꿔놓았을까?

그 사진에는 바로 곧 참수를 당하게 될 중국인이 있었는데, 이 중국 사람은 러시아인을 도와 스파이 노릇을 했다는 이유로 일본 군인에게 잡혀와 아무 희망도 없이 무력하게 참수를 기다리고 있는 상황이었다. 그런데 어이가 없는 것은 많은 중국인들이 그 주위에 둘러서서 이 장면을 떠들면서 구경하고 있었다는 것이다.

노신은 이 나약하고 어리석은 중국인을 보면서 큰 깨달음을 느꼈다. 즉, 사람이 아무리 건강한 몸을 갖고 있다 한들 무슨 소용이 있겠는가? 건강한 몸보다 더 중요한 것은 사람의 생각과 정신이고 그 생각과 정신을 개조해야 국가가 강대국이 될 수 있다는 사실을 깊이 느꼈다. 그래서 그는 의술의 길을 포기하고 문학가가 되어 문학으로 중국 국민의 마음을 개조하리라고 결심하기에 이르렀다(대만교과서 115).

노신은 원래 임서(林紓)가 번역한 서양소설과 양계초(梁啓超)가 쓴 문장 같은 것을 읽기를 좋아했다. 엄복(嚴復)이 번역한 『천연론(天演論)』도 읽었고 이러한 서책들을 통하여 전통이 한번 이루어지면 불변하는 것도 아니고 또는 항상 옛 틀 속에서 순환되는 것도 아니며 부단히 진화하고 새로운 경지로 발전할 수 있다는 사실을 깨달았다.

그래서 그는 감히 전통의 굴레에서 벗어나서 새로운 고지를 향해 불굴의 의지로 달려가는 투사와도 같았다. 일본에 간 후에 또 니체의 사상을 접하면서 사상적인 면에 있어서 많은 영향을 받았고 진일보하게 되었다.

1918년 노신은 『신청년』에 첫 번째 광인일기를 발표하였다. "내가 역사를 펼쳐 한번 조사해 보니 이 역사에는 연대가 없고 모든 페이지에 비뚤비뚤한 글씨로 '인의도덕(仁義道德)' 몇 자가 쓰여 있다. 나는 잠을 못 자고 이리저리 뒤척이다가 밤새도록 열심히 보니 비로소 자간 사이로 온 페이지에 '끽인(喫人: 사람을 먹다)'이라고 쓰여 있는 것을 발견했다."

노신은 유가의 전통 핵심 관념인 '인의도덕'을 사람을 먹는 예교로 보았던 것이다. 노신은 신문학의 형식을 빌려 중국의 옛 문명에 대해 엄중하게 공격을 했다. 이 당시에 '타도공가점(打倒孔家店)'이라는 말이 유행어가 되기도 했을 정도다.

실제로 중국의 고서를 보면 사람을 젓갈로 담아서 먹는 내용이 종종 보인다. 예를 들면 연나라 태자 단의 자객 형가가 진시황을 암살하려다 실패한다. 이에 진시황은 형가를 젓갈로 담아 먹었다는 기록이 있다. 또 『동이전』의 고구려 전에 의하면 중국의 한나라 환제 때에 환제는 조서를 내려서 고구려 차대왕을 악하고 반역한 행동은 말로써 표현할 수 없어 즉각 머리와 목을 잘라 육젓을 담아 백성들에게 보여 줄 것을 명령한다.[11]

이처럼 신문화운동의 주창자들은 봉건시대를 이끌어가는 사상의 기반인 봉건유교를 잘못하면 잡아먹는다는 극단적인 비유를 통하여 맹렬하게 공격하고 비판한다. 따라서 유교의 창시자 공자는 이 당시에 이들의 눈에는 반드시 타도되어야 할 중심 대상이었던 것이다.

신문화운동의 주창자들은 『신청년』 잡지를 중심으로 해서 주로 신문화를 선전하는 기구로 삼았으며 이들 잡지들을 통하여 그들은 중국의 전통에 대해 과감히 공격했을 뿐만 아니라 민주, 과학, 자유주의, 개인주의, 사회주의 등 신사상에 대해서도 적극적으로 제창하였다. 동시에 부녀문제에 대해서도 열심히 연구해서 몇 천 년 동안 겹겹이 싸인 전통이라는 굴레를 벗어나고 타파하여 중국 역사상 처음으로 대규모의 여성해방운동을 가져오기도 했다.

---

11) 김재선, 『한글동이전』, 민족문화사, 1997.

3. 백화문운동과 문학혁명

당시 중국인들은 일상적으로 말을 사용할 때는 "백화문(白話文)"을 사용하였으며 이에 대비해서 글을 쓸 때는 "문언문(文言文)"이라는 문장체를 사용하고 있었다. 쉽게 말해서 "백화문"은 회화체이고, "문언문"은 예를 들어 고서에 나오는 "공자왈: '학이시습지 불역열호(孔子曰: '學而時習之면 不亦說乎아)?'"와 같은 식의 문자체이다.

이런 상황이니 일반 백성들이 글자를 안다는 것은 매우 귀한 현상일 수밖에 없으며 대부분의 백성들은 문맹이었다. 백성들은 글자를 봐도 그 뜻을 알 수 없었으며 설사 그 글자를 안다고 할지라도 무슨 뜻인지 이해하기가 쉽지 않다.

신문화운동의 주창자들은 이러한 기형적인 현상에 대하여 분노하였다. 그들은 우선 기존의 문장체로 쓰고 있는 문언문을 반대하고, 백화문으로 표현하자고 강하고 주장하였다.

노신이 1919년에 발표한 「현재의 도살자」의 내용을 통하여 백화문운동의 주창 이유를 알 수 있다.

중국에는 글을 모르는 백성이 많다. 그러나 고상한 사람들은 "백화는 비속하고 천박한 것으로 조금의 가치도 없다."고 천시하였다. 그래서 이 고상하다는 인사들은 하루 종일 문언으로 말을 할 수는 없으며 단지 문장을 쓸 때나 시를 읊을 때만 문언(文言: 고문)을 사용할 뿐이니 그들 역시 저속하고 천박하며 일전의 가치도 없는 말을 사용하는 것이 아닌가? 그들은 인간이 되어서 신선을 생각하고 지상에 살면서 천상에 있는 것처럼 하며 분명히 현대인이며 현대의 공기를 마시

면서 썩어 빠진 명분에 집착하고 경직된 언어를 사용하면서 현재를
모멸한다. 이들은 분명히 현 시대의 도살자로서 현재를 도살하고 또
나아가서 장래와 미래를 도살하는 도살자이다.

신문화운동은 또 다른 하나의 문학혁명이라고 할 수 있다. 왜냐하
면 문학 장르에 있어서 백화문을 제창하였고 그리고 기존의 문장체
로 쓰고 있는 문언문을 반대하였으며 또한 문장 내용에 있어서 기존
종래의 봉건사상을 선양하는 구문학을 반대하고 문학혁명을 통하여
민주와 과학 사상이 내재하는 신문학을 제창하였기 때문이다.

문학혁명이 제기되자 즉각적으로 북경대학 학생들의 지지를 얻었
다. 그 다음 해부터 『신청년』 잡지는 전부 백화문으로 발행하였고, 다
른 신문과 잡지들도 따라하므로 백화문은 곧 관방(官方) 언어로 통행
되었다.

이어서 학교에서도 백화문 교재를 채택하기 시작했고, 학생과 지
식인들이 이 백화문으로 신사상을 전파하므로 신문화운동은 신속하
고 효과적으로 확산하기 시작하였다. 따라서 백화문운동은 신문학과
함께 정치적인 도구로도 사용되어 정치와 혁명과도 얽히게 되었다.
이후에 전개되는 5·4운동에도 지대한 영향을 미쳤다.

1917년 호적(胡適)은 『문학개량추의(文學改良趨議)』를 발표하였다.
이는 문학혁명의 서장이라고 하겠다. 호적은 여기서 백화문으로 중국
문학의 정종을 삼아야 하여, 문학에는 견지(見地, 견해), 식력(識力, 지
식), 이상(理想)이 있어야 하며 현 사회의 상황을 사실적으로 묘사하
는 것이어야 한다고 주장했다.

　호적(胡適)의 『문학개량추의(文學改良趨議)』 내용을 요약하면 다음과 같다.

　나는 지금 문학 개량은 반드시 아래 8가지를 따라야 하며 이 8가지를 어디에서 착수해야 하는가?

1. 내용이 있는 것을 말한다.
2. 옛사람을 모방하지 않는다.
3. 문법에 맞는 문장을 쓴다.
4. 이유 없이 신음해서는 안 된다.
5. 진부한 상투어는 가급적 피한다.
6. 고전을 사용하지 않는다.
7. 대장(對仗)을 쓰지 않는다.
8. 속자 속어를 쓰지 않는다.[12]

　이상 호적의 주장은 문학이 정감, 사상이 담겨져 있는 살아 움직이는 것이어야 하며 또한 문법에 주의해서 정확한 의사전달을 하여야 하고 사랑, 고독, 병 없이 신음하는 감상적인 유폐를 벗어 버리고 진부한 언사들, 고시나 고문장에서 흔히 쓰던 어투를 탈피하여 문학이 기존의 문언류(文言文), 팔고문(八股文: 명청 양대에서 과거의 답안용으로 채택된 특별한 형식의 문체, 내용이 없고 형식적이며 사람을 구속하는 글, 전해서 틀에 박힌 무미건조한 문장이나 태도를 일컫는다)

을 벗어나 일상적인 구어체(口語體: 회화체)로써 현대 감각을 더 잘 살릴 것을 주장한다.

호적(胡適)은 진독수와 같은 고향인 안휘 사람으로 10살 때 상해 신식학교에 가서 공부를 했다. 1910년 국비유학생시험에 합격해서 인생의 새 장을 열었다. 이후 호적은 미국에서 농업을 공부하다가 적성에 맞지 않아 문과로 바꾸기로 결정하였다. 전공 변경은 그의 인생의 중대한 전환점이 되었다. 1917년 26세의 호적은 귀국했고 북경대학에서 참신한 관점으로 중국철학사를 강의하였다. 그리고 『신청년』 편집 작업에 참가하면서 그는 적극적으로 백화문운동을 제창하였다.

진독수(陳獨秀)는 『문학혁명론(文學革命論)』을 발표하였는데 이 글에서 진독수는 귀족문학을 타도하고 국민문학 건설을, 고전문학을 타도하고 사실문학 건설을, 산림문학을 타도하고 사회문학 건설을 제기하였다. 이 3대 주의는 문학혁명의 강령이 되었다.

그리고 "문이재도(文以載道, 글에 도리를 실어야 한다)", 대성현입언(代聖賢立言, 성현을 대신하여 말한다) 등의 봉건문학을 반대하였고 한 문장에 가득히 있는 무의미한 호, 자, 야, 의, 언, 재(乎, 者, 也, 矣, 焉, 哉) 등 어조사를 반대하였다.

진독수는 청말 정규 전통교육을 받은 사람이었다. 그는 거인(擧人) 시험에 통과했는데 후에 청 정부를 반대하는 연설을 하다가 지명수배를 당하여 일본으로 유학을 가게 되었다. 일본 유학생활을 한 지 1년이 채 못 되어 그는 다시 상해로 돌아와서 신문을 발간하고 혁명사상을 고취하였다.

그리고 이어서 고향 안휘(安徽)로 돌아와서 백화문 신문을 창간하여 전통 혼인제도와 부녀에 대한 경시를 신랄하게 비평하였다. 그리고 1915년 상해에서 『신청년』 잡지를 창간하고 얼마 후에 북경으로 옮겨가서 다시 발행하므로 『신청년』은 새 문화, 새 사조의 요람이 되었다.

이들의 생각은 문학이라는 것은 인생에 대하여 논하는 것이고 사회현실이 반영되어야 하며 이를 무시한 이전의 문학형태는 진정한 문학이라고 할 수 없다는 주장이다.

5 · 4운동

1. 5·4운동의 서막과 파리강화회의

5·4운동이 일어날 수 있도록 그 전에 그 터전을 마련해준 일등 공신은 북경대학과 『신청년』 잡지라고 해도 과언이 아닐 정도이다. 5·4운동이 일어나기 전에 북경대학과 『신청년』 잡지는 이미 신지식과 신사상을 전파하고 있었던 것이다.

신문화운동의 결과 중국의 부패한 봉건사상과 봉건문화는 동요하기 시작하였으며 무산계급의 문화가 싹트기 시작하였다. 주목할 점은 이때부터 과학적인 마르크스 사상이 소개되기 시작하였고 중국사회주의 사상운동이 시작되었다는 점이다. 이로부터 오래되지 않아 중국 공산당이 창당되었고 중국혁명은 새로운 전기를 마련하게 되었다.

그러면 북경대학이 어떤 곳인지 먼저 살펴보도록 한다.

정말 북경내학의 진신인 정사대학당(京師大學堂)은 원래는 신정개혁의 일환으로 설립하였는데 그러나 그 당시의 학생들은 이 학교를 관계로 진출하는 발판으로 삼았으므로 학교는 상아탑의 구실을 제대로 하지 못하고 있었다. 게다가 교수들 대부분이 관계 출신이기 때문에 "중당(中堂)" 또는 "대인(大人)"이라고 불리었고 학생들은 그들을 "노아(老爺: 관계에 있는 사람들을 존대해서 부르는 칭호임)"라고 불렀다. 그들이 하는 일도 옛 관료들의 행동의 범위에서 벗어나지 않았다. 북경대학이 현대화한 것은 저절로 된 것이 아니었다.

1916년 채원배(蔡元培)가 북경대학 총장으로 부임하게 되자 그는 북경대학을 현대화 대학과 현대사상, 현대문화의 중심으로 쇄신하기 시작했다. 그는 대학은 모든 사상을 포용할 수 있어야 한다고 여겨 여러 사상을 지닌 교수들을 수용하였다. 변발을 한 사람, 긴 장포(長袍)를 입은 보황당, 복고파에서 양복을 입은 자유주의자, 사회주의자까지 다 있었다.

그들 중에는 진독수, 호적, 노신 등 신문화운동의 주역들도 있었다. 이들은 신식문체로 소설을 썼고, 유가사상에 대해 깊이 반성하고 새로운 해석을 하고 있었다.

앞서 언급했던 신식 학교의 큰 역할 중의 하나가 바로 구체제, 제국주의 내지 구권위에 대한 비판을 하는 데 있었다. 학생들은 대개 휴업 또는 가두시위의 형태로 그들의 주장을 표출했으며 이 같은 앞서가는 행동은 20세기 중국 사회와 사상에 크나큰 충격을 주었다. 1905년부터 신해혁명까지 전국 각지에서 약 300여 차례 시위가 발생하여 이는 이미 신식교육의 주요 특색이 되어 있었다. 1919년 폭발한 5·4운동은 이러한 배경에서 아주 자연스럽게 일어나게 되었으며 학생운동의 찬란한 이정표가 되었다.

1914년 제1차 세계대전이 폭발하였다. 유럽과 미국 제국주의는 전쟁에 열중하느라고 중국침략에 대해서는 주의를 기울이지 않았으며 마침 이 기회를 타고 일본제국주의는 중국에 대한 침략을 가속화하였다.

1914년 일본은 독일에 대해 선전포고를 하고 출병하여 청도를 공격하고 교주만을 봉쇄하였다. 이어서 일본은 다시 파병을 단행하여 산동성의 용구에서 상륙하여 제남으로 진격한 후에 교주철로와 길옆의 광산(원래 독일이 산동에서 경영한 광산임)을 모두 점령하였다.

그래도 만족을 하지 못한 일군은 1915년 중국을 멸망시키는 21개 조건(그 내용은 산동, 남만주, 내몽고, 한야평공사, 연해안의 항만과 섬, 중국의 정치·경제의 설계, 군경의 훈련, 군기계의 제조권리 등을 모두 일본에게 준다는 것임)을 제기하였다.

일본은 원세개가 황제가 될 수 있도록 원조하겠다는 조건을 내세웠고 아울러 연해안의 각 항구에서 무력으로 위협을 가하였으며 원세개는 곧 5월 9일 21조건을 승인하였다.

그해 겨울 원세개는 일본제국주의의 원조에 의지하여 세계조류에 역행하는 홍원황제가 되어 황제 노릇을 하기 시작하였다. 그러나 이러한 상황은 전국 인민의 반대에 부딪치어 3개월 만에 황제 노릇을 그만둘 수밖에 없었다. 이를 이어 여원홍이 대총통의 자리를 이었고 국회는 회복되었으며 실권은 단기서(국무총리)의 수중으로 들어갔다.

친일파 단기서는 1917년 일본의 의견을 받아들여 독일에 대해 선전포고를 하였다. 이때 여원홍이 반대하자 바로 그를 면직시키고 각 성의 독군이 독군단을 성립하여 자신을 옹호하게 하였으며 아울러 국회해산을 요구하였다. 이러자 여원홍은 장훈에게 군대를 동원하여 조정을 요구하였다. 그러나 군대를 이끌고 입성한 장훈은 오히려 여원홍을 쫓아버리고 부의를 황제로 복벽시켰다.

이후 북경은 다시 단기서의 수중으로 들어갔다. 단기서는 세계대전에 참가한다는 이름으로 일본에게 5억 원의 외채를 빌려 이 외채를 이용하여 군사력을 강화하였다. 그 결과 군벌 간의 혼전은 더욱더 가속화되었으며 중국 정치는 암흑시대로 빠지게 되었으며 민중생활의 고통은 더욱더 심해만 갔다.

그러나 구미 각국의 제국주의 세력들은 전쟁으로 인하여 중국을 돌아볼 여력이 없어 중국에 대한 압박은 잠시 느슨해졌다. 이 틈에 중국의 민족주의 산업인 방직업·섬유업·제분업 등은 매우 큰 발전을 가져왔다. 방직업은 22개(1915)에서 64개 공장으로 증가하였고 (1922), 제분업은 67개(1916)에서 107개 공장으로 증가하였다. 은행 역시 108개로 증가하였다. 이와 같은 경공업의 발전은 역시 중국에 대하여 경공업 제품을 집중적으로 공략하였던 일본제국주의의 방해를 받게 된다.

그러나 공교롭게도 1917년 소련의 10월혁명이 성공하여 세계 역사상 처음으로 첫 번째 사회주의국가가 탄생하였다. 이에 중국인민은 현재 처해 있는 상황에 대하여 분노하고 슬퍼하였으며 한편으로는 진보적인 정치가 산생하기를 고대하였다. 이러한 커다란 두 가지 흐름(중국 자본주의의 발전과 소련 10월혁명의 성공)이 결합하여 반제 반봉건의 성격을 띤 5·4운동이 일어나게 된다.

1918년 11월 제1차 세계대전은 독일과 오스트리아 동맹국의 실패로 막을 내렸다. 1919년 세계대전이 끝나고 전승국들은 파리에서 전후문제에 관한 강화회의를 개최하였다. 이때 회의에 참가한 나라는 27개국이지만 실제로 회의를 조정하는 나라는 영국, 미국, 프랑스, 일본, 이태리 등 5개국이었다.

이 회의에 중국 역시 승전국의 일원으로 참가하였다. 이때 중국은 원세개 사후 북양군벌의 시대로서 북경정부 외교총장인 육정산, 주미

대사 고유균, 참의원부의장 왕정정 등 5인이 전권대표로서 회의에 참가하였다.

파리강화회의에서 산동성 문제는 매우 중요한 문제였다. 중국 측에서는 독일이 산동에 가지고 있었던 일체의 이권은 당연히 중국에 반환될 것으로 기대하고 있었고 따라서 매우 기쁘게 회의국에게 7개 항목의 희망조건을 제출하였다.

1. 열강들이 중국에서의 세력 범위를 포기하기를 바람
2. 주중군대를 철수시킬 것
3. 중국에서의 우편과 전보 사업을 취소할 것
4. 군사재판권의 취소
5. 차지를 반환할 것
6. 조차지(租界)를 귀환할 것
7. 관세를 자주

여기에다가 구라파 중국학생대표들은 두 가지를 첨가하였다. 즉, 산동의 권리를 중국에 돌려줄 것과 **21개 조항**의 취소문제 등이다.

그러나 국제정세는 중국이 뜻하는 대로 풀리지 않았다. 일본은 독일인이 산동에서 갖고 있었던 모든 권리를 일본에 양도해야 한다고 주장하였다. 그 논리는 1915년 원세개 정부가 산동의 이권을 일본에게 모두 줄 것을 승인했고 또 실제로 이 시역은 일본이 점령한 상태이니 산동은 당연히 일본에게 양도되어야 한다는 주장이었다.

또 영국, 미국, 프랑스 등 제국주의 세력들은 중국 내에 여러 특권과 이익을 누리고 있었기 때문에 중국이 제출한 **21개조 폐지요구**와 희망 7개조 항목에 대해서는 강화회의 권한 내에 있지 않다는 구실로 거론조차 하지 않았다.

결국 파리강화회의는 미국은 표면상으로는 "약소민족들을 돕는다."는 구호를 외쳤지만 미국은 이미 일본과 은밀히 조약을 체결하여 지지의 의사를 표했으며 중국이 제출한 희망 7개조 항목에 대해서는 관심을 기울이지 않을 뿐 아니라 1919년 4월 30일 독일이 중국에 가지고 있었던 일체의 권리를 모두 일본에 준다는 결정을 하였다.

파리강화회의에서의 중국외교는 완전히 실패로 끝났다. 중국대표단은 중국정부에 실패경과를 전보로 타전하였고 중국정부는 대표단에게 그래도 조약문에 사인할 것을 요구하였다.

2. 5·4운동의 발발

전국 국민은 파리강화회의에서의 중국외교가 완전히 실패로 끝났다는 소식을 듣고 분하고 원통함이 극에 달하였다. 5월 3일 밤 북경대학에서 대회가 열렸다. 이날 회의에 북경고등사범학교, 법정전문학교, 고등공업학교에서도 대표를 파견하여 대회에 참석하였다.

먼저 북경대학신문연구소에서 파리강화회의에 있었던 산동문제 교섭실패 경과사안에 대하여 보고하였다. 보고 후 모든 학생들은 격분하고 망국의 비통함을 느끼고 구국을 호소하였다. 결과적으로 4개 조항을 결정하기에 이르렀다.

첫째, 각계와 연합해서 힘써 쟁취할 것

둘째, 파리에 전보를 쳐서 사인하지 말 것을 당부

셋째, 각성에 전보를 쳐서 5·7국치기념일에 시위할 것

넷째, 일요일(4일) 천안문에 집결하여 학계에서 큰 시위활동을 할 것

5월 4일 북경에서는 북경대학, 북경사범학교 등 5천여 학생들은 거리 시위에 나섰다. 가는 길마다 학생들은 "일본타도", "21개 조항 폐지", "죽음을 무릅쓰고 청도를 사수한다." "일본제품을 불매한다." "조약의 서명을 거절한다." 등의 구호를 외치며 다녔고 총통부를 향하여 매국노 조여림(21조를 체결하는 데 주도적 역할을 함), 장종상(산동조약을 체결하는 데 흔쾌히 동의함), 육종흥(일본에게 차관을 빌리는 데 중간 역할을 함) 등을 처단할 것을 요구하였다. 그리고 학생들은 시위를 하면서 전단을 뿌렸다.

이때 「북경학계전체선언문」이 선포된다. 그 내용을 요약하면 다음과 같다.

전국공상학계에서 일률적으로 일어나서 국민대회를 열어 밖으로는 주권을 쟁취하고 안으로는 국적을 제거하자. 중국 인민은 죽을 수는 있으나 고개 숙일 수는 없다. 중국 토지는 정복할 수는 있으나 그냥 줄 수는 없다. 조선은 독립을 도모하면서 "독립 못하면 차라리 죽는 것이 낫다."고 말하였다. 대저 나라가 존속하느냐 멸망하느냐에 이르고 국토가 할거되어 분열될 것이냐, 말 것이냐 하는 긴박한 문제에 이르렀는데도 그 백성들은 오히려 큰 결심을 내리지 못하고 의분

해서 최후에 나라를 구하는 자가 못 된다면 그 백성은 20세기의 천한 종자며 인간이라고 말할 수 없는 것이다.13)

　시위군중은 먼저 동교민항(東郊民巷: 현재의 北京市 朝陽區 二里屯)에 있는 대사관 구역으로 진출하였으나 외국 경찰에 의하여 저지당하였다. 이에 시위 군중은 방향을 바꾸어 조여림의 주택에 가서 "매국적(매국적)"이라고 소리쳤는데, 조여림 저택 주위에 2백여 명의 순경이 지키고 있었다. 이때 조여림은 장종상·육정상과 총통부 저택에서 담화를 나누고 있었다. 사람들의 만류에 조는 "뭐가 두려워."라고 하면서 집으로 가다가 시위대를 만났고 조는 도망을 갔고 장은 군중들에게 잡히어 호되게 얻어맞았다. 조여림의 집은 불태워졌다.14)

　결국 이날의 시위는 경찰과 헌병이 도착하여 학생 32명을 체포함으로써 끝이 났다. 5·4운동 당시 시위 군중이 대사관 구역으로 진출하였으나 외국 경찰에 의하여 저지당하고 갑자기 방향을 바꿀 수밖에 없는 사연에 대해서는 진서영의 『한화이즉』을 통해서 알아볼 수 있다.15)

　장흠해(張歆海) 선생은 어느 날 저녁 왕부정(王府井)가를 걸어가다가 갑자기 앞에서 나는 비명소리를 들었다. 그가 가서 보니 한 인력거꾼이 길가에서 울고 있었다. 그 인력거꾼이 "어떤 술에 취한 미국

---

13) 『북경학계전체선언』, 1919년 5월 4일.

14) 팽명주 편, 김덕군 부주편, 『중국현대자료선집』, 제1·2책, 보편(1919-1929), 중국북경: 중국인민대학
　　출판사, 1991, 18.

15) 팽명주 편, 김덕군 부주편, 『중국현대자료선집』, 제1·2책, 보편(1919-1927), 중국북경: 중국인민대학
　　출판사, 1991, 18-21.

병사가 인력거를 타고 돈을 지불하지 않을 뿐만 아니라 자신을 한바탕 때렸다.”고 말했다. 더 앞으로 몇 걸음 나아가니 황색 옷을 입은 순경이 진흙탕에서 일어나려고 발버둥치고 있었다. 그리고 먼 앞에서 검은 한 무리의 사람들이 소리치는 것을 듣고 가까이 가보니 3, 40명의 인파가 “때려라! 때려라!” 소리치며 미국 병사 두 명 뒤를 따라가고 미국 병사는 태연히 앞에서 천천히 걷고 있었다. 두 미국 병사도 가다가 가끔 멈추어 서서 뒤돌아보았고 미국 병사가 멈출 때마다 뒤따라 가던 군중도 멈추었다. 그들 사이의 간격은 6 내지 7미터 정도 되었지만 계속 그 간격은 유지되었으며 일정했다. 얼마 되지 않아 군중은 늘어나 100명이 넘었다. 이때 경찰도 현장에 도착했으나 군중들과 다를 바 없었다.

미군은 동교(東郊) 민항(民巷) (대사관구) 입구에 오자 뒤돌아보면서 군중에게 “와라! 와라!”라고 했다. 그러자 군중은 삽시간에 다 사라지고 한 명도 남지 않았다.[16)

이 글은 5월 4일 시위군중이 먼저 동교 민항에 있는 대사관 구역으로 진출하였으나 외국 경찰에 의하여 저지당하자 방향을 바꾸어 조여림의 주택으로 방향을 돌린 이유를 알 수 있게 해주는 대목이다. 다시 말해서 동교 민항은 대사관 구역으로 외국인을 특별히 보호하는 구역이며 중국 경찰도 마음대로 들어갈 수 없는 곳이다.

5·4운동 다음 날인 5월 5일 북경에서는 전문학교 이상의 학교 학

---

16) 陳西瀅, 『閑話二則』.

생들은 많은 학생들이 구속된 것에 대하여 반발하여 총 휴업에 들어
갔다. 그리고 노동자들과 상인들 역시 파시(罷市), 파업을 하면서 조
여림과 장종상과 육종흥을 파면하고 체포된 학생들을 석방할 것을
요구하였다. 그리고 이미 체결예정인 조약을 거부하고 일본제품을 불
매할 것을 주장하였다.

6일에는 북경의 중학교 이상의 학생 연합회가 성립되었으며 이때
부터 학생운동은 대규모로 또 조직적으로 발전하기 시작하였다. 또
주목할 점은 북경 학생의 애국적 데모 활동은 전국 각계각층의 지지
와 호응을 받게 되어 상해와 천진을 비롯한 대도시에서 단체 명의로
학생 석방을 요구하는 성명서가 계속해서 발표되었다.

7일에는 상해에서 60여 개의 단체 2만여 명이 국민대회를 거행하
였고 시위를 하면서 북경체포학생의 석방, 매국노 처벌, 21개조의 폐
지, 중일 간의 일체 불평등조약의 폐지, 베르사유조약 사인 거부 등을
외쳤다. 이 같은 북경을 중심으로 한 전국적인 항의운동에 대하여 군
벌정부는 매우 경악하였다.

이 결과 전국인민들의 압력하에 국민당 정부는 어쩔 수 없는 상황
하에서 6월 10일 조여림과 장종상과 육종흥 등 3명의 매국노를 파면
하기로 결정하였고 또 국무총리 전능훈은 사직하였으며 11월에는 총
통 서세창도 사직서를 제출하였다.

6월 28일은 드디어 조약 서명일이었다. 파리에 있었던 화교, 유학
생들은 중국대표단이 있었던 장소를 포위하여 그들이 서명하지 못하
도록 하였고 그리고 전국 국민들의 압력하에 북경정부는 강화회의
대표단에 전보를 보내어 조약에 거부하도록 지시하였고 체포된 학생
들도 석방한다(1921년 워싱턴회의에서 중국은 청도와 교주철로를 돌

려받았으며 교주만은 중국 스스로 개방함으로써 일본이 중국에 대해 독점하려는 기도를 막게 된다).

중국대표단은 조약서명을 거부하였다. 중국현대의 위대한 민중운동은 승리를 얻었다. 5·4운동의 영향력은 대단하였다. 그것은 중국 민중이 어떠한 불의와도 타협하지 않는 불굴의 정신을 보여준 반봉건 반제국 운동이었다는 점이다.

또 하나 중요한 사실은 5·4운동 후에 초보적인 공산주의 사상을 지닌 청년들이 등장하였다는 사실이다. 이들에 의하여 마르크스 레닌주의가 중국에 전파되었으며 이어서 노동자운동과의 연합이 이루어졌다. 이러한 기초하에 5·4운동이 일어난 지 불과 2년 만이 1921년 중국공산당이 성립되었다.

제6장

중국공산당의 창립과 국공합작

1. 러시아 10월혁명과 신문화운동

　1917년 11월 7일(러시아 달력 10월 25일) 러시아 민중은 레닌과 볼세비키당의 주도하에 폭력으로써 사회주의 국가를 건립하였다. 이것이 바로 러시아의 10월혁명이었다.

　이 10월혁명은 주변의 여러 나라에 크게 영향을 미쳐 서방과 동양여러 나라에서도 공산주의자들이 활동하기 시작하였으며 이와 더불어 반식민지, 반제국주의 운동이 일어났다. 10월 혁명에서 승리를 거둔 러시아 소비에트 정부는 러시아 제국정부가 외국과 체결한 모든불평등조약을 폐기한다고 선언하였다.

　러시아의 10월 혁명의 소식은 매우 빠르게 인접국인 중국에 전해졌다. 10월혁명이 일어난 지 3일 만인 11월 10일 상해의 『민국일보(民國日報)』 주요 칼럼에는 「갑자기 일어닌 진 리시아의 대정변」이란 타이틀로 글이 실렸다. 이 기사에서는 러시아에서는 농민 출신의 사병이 정권을 장악해서 노병정부(노동과 병사 정부)를 건립하였고 세상에서 어떤 정부와도 다른 가장 극렬하고 순수한 사회주의 정권이라고 관심을 표명하였다.

손문도 10월혁명에 대하여 동정과 환영을 표명했다. 손문의 지도 하에 「민국일보」는 1918년 1월 1일 사설에서 "우리는 우리 이웃의 승리에 대하여 지대한 희망을 품는다."라고 지지성명을 발표하였다.

그런데 중요한 것은 10월혁명 후 얼마 지나지도 않은 시점에서 중국의 일부 지식인들은 즉각 10월혁명과 마르크스주의에 대해 지대한 관심을 보이기 시작한 점이다. 이들은 공산사상을 통한 중국의 미래를 구상하기 시작하였으며 매우 빠르게 마르크스주의에 대해 배우고 선전하고 연구하였다. 이로부터 중국에서 처음으로 공산주의 사상을 지닌 지식인들이 생기기 시작하였다.

중국공산주의의 선구자인 이대소는 1918년 7월, 11월 각각 「프·러 혁명 비교관」, 「서민의 승리」와 「볼셰비키주의의 승리」 등이란 논문을 발표하였다. 이대소는 「볼셰비키주의의 승리」에서 "이 주의는 바로 혁명의 사회주의이다. 그들의 당은 바로 혁명적인 사회당이며 그들은 독일 사회주의 경제학자 마르크스 사상을 주종으로 한다."고 했다. 이대소는 "마르크스주의 연구회"를 조직하여 진보청년을 모아 마르크스 레닌주의와 러시아혁명을 학습하고 연구했다.

1919년 출판한 『매주평론(每周評論)』에는 『공산당 선언』의 한 단락이 발췌되어 게재되었다. 이 선언문은 마르크스와 엥겔스의 주장하는 주요한 내용이며 발표한 시기는 1847년 11월부터 1848년 정월이다.

『공산당 선언』의 주요 요지는 각지의 노동자와 농민이 연합하여 계급전쟁을 한다는 내용이다. 『매주평론(每周評論)』에는 『공산당 선언』 중 무산계급이 자산계급을 타도하고 자산계급의 재산을 몰수하는 계급제도의 소멸방법의 내용이 발췌, 소개되었다. 그 내용은 다음과 같다.

1. 토지 사유제도를 폐제하고, 모든 토지는 국유로 한다.

2. 만약 제1조를 적극 진행할 수 없을 때는 국가가 차례로 세입 조세를 증가시킨다.

3. 유산은 국유로 한다.

4. 국외로 이주한다든가 또는 배반한 도당의 재산은 일률적으로 공유로 한다.

5. 국가의 자본으로 일개 국가은행을 조직하며 일체 영업을 독점할 권한이 있다.

6. 중앙집권을 실시하며 교통기관과 운수사업을 국유로 한다.

7. 제조공장과 각종 생산기관을 많이 만들고 모두 국유로 하며 황무지를 개간하며 종자와 심는 방법을 개량하며 반드시 동일한 계획을 사용한다.

8. 일체 인민은 동알 공작을 담당할 의무가 있으며 아울러 약간의 군대를 모집함으로써 종사를 보호한다.

9. 농공이 상호 연합해서 점차적으로 도시와 향촌의 구분을 폐지하고 전국 국민에게 동등한 평균 분배를 적용한다.

10. 자유 교육제도를 채택하고 공공학교를 설립해서 모든 어린이들이 취학할 수 있도록 하며 취학 기간 중에 공장에 들어가 일을 할 수 없으며 교육의 방침은 반드시 각종 공예와 서로 관련이 있어야 한다.[17]

마르크스와 엥겔스는 선언에 게재된 10가지 조항을 모두 수행하게

---

17) 『매주평론(每周評論)』 제16호, 1919년 4월 6일 출판.

되면 일체 계급제도는 소멸되며 그리고 전국의 생산기관은 모두 국유로 돌아갈 것이며 무산계급이 손쉽게 정권을 획득할 것이라고 주장하고 있다. 또한 계급이 소멸된 이후에는 자산계급도 소멸되고 이후 우리 사회는 평등적인 공산사회를 이룩할 것이라고 주장하고 있다.

5·4운동 기간 중에 우리가 주목할 점은 일부 급진적인 지식인들이 러시아의 10월혁명의 영향으로 이미 사회주의 사상을 접하게 되었다는 사실이다. 『신청년』, 『절강평론』, 『상강평론』 등의 사회주의 사상을 담은 잡지들은 당시 이미 중국 전역에 광범위하게 보급되고 있었다.

5·4운동 이후 일부 급진적인 지식인들은 상해에서 노동자운동을 시작하였다. 이들은 방직노동조합, 기계노동조합, 인쇄노동조합 등을 결성하여 노동자의 권익을 위하여 고군분투하였다. 이때 북방의 노동자 중 사회주의 운동가들은 노동보습학교를 설립하였으며 1920년대에 들어와서는 중국공산당소조가 상해에서 설립되었고 상해중공소조가 건립된 이후에 각 지역에서 당조직과 사회주의 청년단이 속속 건립되었다.

1921년 7월 1일부터 중공은 상해에서 전국 제1차 대표대회를 소집하였다. 이 대회에서 중국공산당은 중국공산당 당장(黨章)을 토론을 통해 통과시켰다. 이로부터 중국혁명은 새로운 내용과 새로운 자태와 새로운 방향과 정확한 지도가 있게 되었다.

2. 중국공산당의 창립

신문화운동으로 해서 러시아 10월혁명과 마르크스 사상 등에 대해 비교적 많은 내용이 소개가 되었다. 그 간행물만 해도 수적으로 약 2백여 종에 달하였고 지역적으로도 광범위하였다. 유명한 간행물로는 『신청년』과 『매주평론』 그리고 모택동이 창간한 『상강평론(湘江評論)』, 북경의 소년중국학회가 창간한 『소년중국』(이대소가 편집주임을 담당), 천진에는 주은래 등이 펴낸 『각오(覺悟)』 등이 있었다.

이와 동시에 각지의 진보지식인들이 여러 학회와 사단(社團)들을 창단하여 러시아 10월혁명과 사회주의를 연구하고 마르크스주의를 학습하는 장소로 사용하였다. 마르크스주의를 최초로 중문판으로 소개한 글은 1898년 광학회(廣學會)에서 출판한 『태서민법지(泰西民法志, 泰西는 서양을 뜻함)』와 『만국공보(萬國公報)』이다.

손문은 일찍이 1896년 9월에서 그 다음 해 7월까지 런던에 살고 있을 때 사회주의를 접하였고, 무창기의 후 손문은 구미에서 상해로 돌아올 때 마르크스주의의 여러 저술들을 가지고 돌아왔다. 1912년 10월 손문은 상해에서 중국사회당의 초대를 받아 『사회주의지파별급비평(社會主義之派別及批評: 사회주의의 파별과 그 비평)』이라는 긴 장편의 글을 썼다. 손문의 사회주의 사상은 후에 그가 제창한 "연아(聯俄), 연공(聯共), 부조농공(扶助農工)"의 3대 정책과 제1차 국공합작의 실천을 통해서 어느 정도 이해할 수 있다.

동맹회 회원인 주집신(朱執信)과 료중개(廖仲愷) 등도 마르크스주의와 그 학설을 소개하는 데 열심이었다. 1906년 주집신은 『덕의지사회혁명가소전(德意志社會革命家小傳, 德意志는 독일을 뜻함)』이라는 글에서 마르크스와 엥겔스의 일생과 그들의 학설 그리고 『공산당 선언』의 요점, 계급투쟁이론, 그리고 『자본론』 중의 잉여가치학설에 대해서 소개하였다. 1906년 9월 료중개는 『민보』 7월호에 사회주의대강을 비평, 소개하였다.

5·4운동 시기 국민당 사람들은 이전에는 사회주의 각파의 학설을 소개하다가 이후에는 마르크스주의의 유물사관, 경제학설, 계급투쟁과 사회혁명이론에 대해서 소개하고 있었다. 그러나 주의할 점은 동맹회 회원 또는 국민당의 일부 사람들은 마르크스주의를 소개하고는 있지만 반드시 믿는 것은 아니었다.

1919년에서 1920년 초보적인 공산주의 사상자들은 점점 마르크스주의를 선전하는 데 열을 올렸다. 1920년 8월, 상해사회주의 연구회에서 진망도는 『공산당 선언』의 전역본을 출판하였다. 9월에는 이한준(李漢俊)이 번역한 『마르크스 자본론 입문』이 출판되었다.

이대소는 마르크스주의를 선전하는 데 열성적이었다. 그는 일찍이 러시아 10월혁명을 소개한 적이 있는 마르크스주의를 전파하는 계몽사상가의 선구자이다. 1919년 5월, 그는 『신청년』의 「마르크스연구전호」에서 「나의 마르크스주의관」을 발표하였는데 이 글에서 그는 비교적 계통적이고 체계적으로 마르크스주의를 소개하였다. 1920년 3월, 이대소는 또 북경대학에서 비밀리에 "마르크스주의 학설연구회"를 조직하고 또 북경대학, 북경고등여자사범학교에서 "유물사관", "사회주의와 사회운동", "사회주의의 장래", "여권운동" 등 강좌를 개설해서 학교를 통해서 학생들에게 마르크스주의를 강의하고 전파하였다.

5·4운동 후 진독수도 마르크스주의를 선전하기 시작하였다. 그는

1920년 「상해후생사창호남여공문제(上海厚生紗廠湖南女工問題)」 등의 문장을 발표하였고, 아울러서 특별히 1920년 9월에 「담정치(談政治)」를 발표하였는데, 이 글에서 그는 혁명 수단을 채택해서 중국에서 무산계급전정국가를 건설할 것 등을 거론하고 있다.

모택동도 러시아 10월혁명의 영향으로 마르크스 사상을 접하기 시작하였다. 이에 모택동은 1919년 11월 『상강평론(湘江評論)』을 창간하고 「민중대연합」이라는 문장을 발표하였는데 이 글에서 그는 민중이 연합해서 중국사회를 개조하자는 주장을 펴고 있다.

이 시기에 마르크스 전파에 있어서는 하나의 특징이 있다. 그것은 혁명운동 지식인들이 중국 노동자운동과 결합하고 이와 더불어 자연스럽게 새로운 형태의 노동자계급 혁명정당을 창립하기 시작하는 것이었다. 예를 들면 5·4운동 때 정중하(鄭中夏) 등은 이대소의 지지하에 북경대학 "평민교육강연단"을 조직해서 장신점(長辛店), 노구교(盧溝橋) 등 공장에 가서 노동자들에게 사회주의를 강연하기도 하였다.

중국 노동자계급정당의 건립은 레닌이 영도하는 코민테른의 도움을 받았다. 1920년 4월, 공산국제 비준을 거쳐 러시아 블라디보스토크(海參威) 소련공산당 극동국에서 보이틴스키(吳廷康, 維金斯基, G.N Voitinsky) 등을 중국에 파견하여 중국의 혁명 상황을 파악하고 아울러서 중국의 혁명조직과 연계관계를 건립하였다. 보이틴스키는 북경에서 이대소를 만났고 북경대학의 혁명인과 공산당 건립문제에 대해서 토론하였다. 그리고 이대소의 소개로 보이틴스키는 상해에서 신독수를 만나서 당을 건립할 구체적인 준비 작업을 도와주었다.

1920년 8월, 진독수 등은 상해에서 이미 상해공산주의소조를 건립하였다. 중국공산당 건립이 준비되고 있었다. 9월 30일, 진독수의 소개로 손문은 상해에서 보이틴스키를 회견했다. 1921년 1월, 보이틴스키는 북경대학도서관에서 북경공산주의소조의 지도자 이대소 등에게 중국각지공산주의소조에서 대표를 선출, 파견하여 대회를 개최하고, 중국공산당을 건립하고, 共产国际에 가입할 것을 건의하였다.

중국공산당은 최초로 상해에서 건립하기 시작했다. 1920년 5월 진독수는 "마르크스주의연구회"를 조직해서 사회주의 학설과 중국 사회개조문제에 대해서 탐구하였다. 8월에 진독수, 이달, 이한준 등이 상해에 모여 중국에서 첫 번째 공산당소조(共産黨小組)를 건립하였다. 이 소조에서 당강당장(黨綱黨章)과 유사한 법규들을 제정하였고 진독수를 서기로 추대하였다. 당의 명칭을 "공산당"이라고 명명하였다.

1920년 11월 상해소조는 「중국공산당선언」을 제정하고 "공산주의자의 목적은 공산주의자의 이상에 따라 새로운 사회를 창조하는 것"이라고 지적하고 있다. 이를 위해서는 계급투쟁혁명을 통해서 자산계급정권을 타도하고 무산계급전정(無産階級專政)을 건립해야 한다고 했다.

이와 동시에 1920년 10월에 북경에서는 이대소, 장신부(張申府), 장국도(張國燾) 등이 북경공산주의소조를 건립하였다. 북경공산주의소조는 이듬해 1월 중국공산당북경지부로 개명하였다. 1920년 가을 동필무(董必武), 진담추(陳潭秋) 등은 무한에서 공산당지부를 건립하였다.

1920년 11월, 장사공산당소조(長沙共産黨小組)는 신민학회, 문화서가, 아라사연구회 등 진보단체의 기초 위에 설립되었다. 주요 구성원은 모택동, 하숙형(何叔衡) 등이 있다.

이 밖에 광동 등지에도 공산당소조가 설립되었고, 일본, 파리에서도 공산당소조가 설립되었는데 여구공산당파리소조(旅歐共産黨巴黎小組)에 주은래 등이 구성원이었다.

조기의 중국공산당조직의 명칭은 통일된 것은 아니었다. 그래서 훗날에는 이들이 공산당의 지방조직이 되었는데 일률적으로 "공산주의소조"라고 부른다.

각지에 공산주의소조가 성립된 후에 계획적이고 조직적으로 마르크스주의를 전파할 수 있게 됨으로써 공산사상은 급속도로 전국으로 전파되었다. 공산주의자들은 노동자에게 마르크스주의를 선전하기 위해서 노동자들이 읽을 수 있는 간행물을 발간하기 시작하였다. 예를 들면, 상해에는 『노동계(勞動界)』, 북경에는 『노동음(勞動音)』, 『공인월간(工人月刊)』, 제남에는 『제남노동월간(濟南勞動月刊)』 등이 발간되었다. 이 외에도 여러 형태의 노동자학교도 설립되었다.

1921년 7월 23일 중국공산당 제1차 대표대회가 개최되면서 마침내 중국공산당이 탄생하게 되었다. 1921년 7월 23일 중국공산당 제1차 대표대회가 상해, 프랑스 조차지 망지로(望志路) 수덕리(樹德里) 3호에서 개최되었다. 대회장소에는 탐정과 외국순보가 수사하였기 때문에 회의 마지막 날에는 절강 가흥 남호의 유람선상에서 회의를 개최하였는데 회의 참가 대표로는 이달, 이한준, 장국도, 모택동, 동필무 등 열두 명이었으며 또 별도로 코민테른의 마린도 대회에 참석하였다.

이 대회의 중심 임무는 중국공산당을 설립하는 것이었는데, 회의를 통하여 당의 명칭을 "중국공산당"이라 명명하였으며, 당의 강령은 "무산계급혁명 군대로써 자신계급을 타도하자!" "무산계급전정을 채택해서 계급투쟁의 목적을 달성한다." "계급을 소멸한다." "자본사유제를 폐지한다." 그리고 "코민테른을 연합한다." 등이 채택되었다. 그리고 대회에서 당의 지도기구인 중앙국을 만들었는데 서기는 진독수로 결정하였고, 이달과 장국도는 선전과 조직공작을 담당하였다.

제1차 대표대회는 7월 31일 오후 절강 가흥의 남호에서 폐막식을 하였다. 이때 중국공산당이 정식 설립되었음이 선포되었다. 중국공산당은 진독수를 지도자로 하여 주로 도시 노동자를 중심으로 지지층을 형성하면서 비약적인 발전을 하게 된다.

3. 국공합작

제1차 세계대전이 끝난 후 중국은 제국주의 열강들의 영토쟁탈 각축장이 되어가고 있었다. 1921년 말에서 1922년 초, 미국의 발기하에 제국주의 열강들은 워싱턴 회의를 열었다. 이 회의에서 열강들은 「구국공약」을 통과시켰으며, 미국이 제기한 "각국은 중국에서의 이권이 균등하며, 중국문호를 개방할 것"을 원칙으로 삼았다. 실제로 이 공약은 제국주의 열강들이 중국을 임의로 침략, 할거하겠다는 맹약이라고 하겠다.

그러나 이보다 더욱 심각한 문제는 제국주의 세력들이 군벌과 결탁하여 중국의 내전에 관여하였으며 이에 따라 중국은 계속해서 내란이 끊이지 않았다는 점이다.

영국은 오패부를 도와 친일파 단기서를 타도하였고, 일본은 장작림을 도와 친영파 오패부를 반대하였으며 남방은 월계전쟁이 막 끝났는데 광동 진형명(陳炯明)이 북방의 오패부와 내통하여 손문 선생을 배신하여 손문 선생은 광주에서 쫓겨났다.

제국주의 열강의 조종하에 중국 각파의 군벌은 더욱 치열한 쟁탈극을 벌였으며 직환전쟁, 직봉전쟁 등 대규모의 전쟁을 여러 차례 일으켰다. 군벌의 혼전은 중국 민중에게 심각한 재난을 가져왔고 중국의 정국은 극도의 혼란에 빠지게 되었다.

중국의 민족공업 역시 크게 좌절을 겪는다. 그러나 러시아혁명이 성공하고 소련이 이전에 중국과 체결한 일체의 불평등조약을 폐지하자 중국의 자산계급정당은 자극을 받았으며 또한 "5·4운동" 발발 이래 애국운동의 열풍은 크게 일어나게 되었다.

국민당의 진보지식인들은 신해혁명의 실패원인과 과거활동의 결점을 통해 정확한 혁명의 길을 탐구하기 시작하였다. 중국혁명의 영도자 손문은 항상 혁명을 하는 데 있어서 어느 길로 가야 할지 고심을 많이 하고 있었다. 손문은 어릴 때 호놀룰루에서 성장했고, 또 서양 여러 나라를 다니면서 서양의 발달한 문물을 직접 보고, 체험한 관계로 정치·사상·경제·문화·군사 등 각 방면에서 선진적인 역량을 가진 서방을 중국혁명의 모델로 삼고, 설정하였다. 따라서 손문 선생이 서양에서 외래 원조를 구하고 있었던 것은 자연스러운 일이었다.

그러나 1919년에 그의 생각을 뒤바뀌게 하는 중대한 사건이 발생했다. 그리고 그것은 이후 중국혁명의 나아갈 방향을 바꿔 놓았고 또 이후 중국이 나아갈 방향이 되어 버렸다. 아마 이때 중국의 운명이 이미 결정되었을지도 모른다. 이것은 바로 파리강화회의였다.

파리강화회의에서의 비합리적인 결과(중국 대표가 제기한 "외국이 중국에서 갖는 특권과 21조항을 폐지할 것과 제1차 세세대진 진에 독일이 강탈해간 산동성에서의 각종 특권을 회수한다."는 제안이 거절되었다)는 중국인들에게 열강들에 대한 불신과 큰 실망을 가져다주었다.

따라서 중국인민들은 서양에 품었던 희망을 러시아 10월혁명에서

꿈꾸고자 하였으며 이런 이유로 혁명의 노선이 소련을 모델로 하는 전략으로 바뀌게 되었다.

중국혁명노선의 모델이 소련으로 바뀌게 된 데는 또 다음과 같은 이유가 있었다.

첫째, 소련은 공산혁명을 성공한 전적이 있는 나라로서 혁명의 경험과 전술을 갖고 있고, 정치고문과 군사전문가들이 있어 구체적으로 혁명의 길을 가르쳐 줄 수 있었다.

둘째, 물질적인 면에서 중국을 도와줄 수 있었다. 금전적인 면과 무기를 제공해줄 수 있었다.

셋째, 무엇보다도 열강들의 외면 속에서 중국에게 도움의 손을 적극적으로 흔드는 유일한 나라였다. 그래서 손문은 "금후의 혁명에는 소련 아니면 안 된다."고 할 정도가 되어 버렸다.

넷째, 손문은 1917년 발동한 제1차 호법운동이 실패한 이후에 1922년 북벌(제2차 호법운동)을 단행하였다. 그러나 이번에도 진형명의 배반으로 실패했다. 이러한 상황에서 손문은 1922년 9월 상해에서 진독수 등의 공산당원과 국민당의 조직개편작업을 의논하였으며 국민당조직개편 방안기초위원회를 성립하여 조직개편작업에 착수했다.

이후 손문은 혁명의 진행과정에서 소련으로부터 적극적인 도움과 원조를 받게 된다. 예를 들면 마링(H. Maring)18)은 손문에게 각계각층의 사람들과 연합할 것과 중국혁명을 이끌 수 있는 인재를 양성하는 군관학교 설립을 종용하였는데 결국에는 이 제안이 받아들여져서 광주에 황포군관학교가 설립되었다.

---

18) H. Maring(1883-1942)은 네덜란드 인으로 코민테른 집행위원회 위원인데 1921년 코민테른 주 중국대표로 부임하였다.

황푸군관학교는 이후 중국혁명을 이끌 인재를 양성하는 장소로 매우 큰 활약을 하게 되었다. 또 마링의 도움으로 "연아, 연공, 부조농공(聯俄, 聯共, 扶助農工)" 정책을 펴고 1921년에 국민당 개편 작업을 실시하게 되면서 국민당의 조직은 강해졌으며 당에는 생기가 넘치게 되었다.

이로써 이전의 손문이 서방과 군벌세력들에게 실시하고 있었던 연합 및 대항의 병용전략, 즉 그때 그 상황에 따른 적절한 방법을 펴는 전략은 대폭 수정하게 된다.

그 결과 중국역사의 또 하나의 전환점이 된 1924년 제1차 전국대표대회가 개최된다. 이 제1차 대회에서 손문이 편 "연아, 연공, 부조농공(聯俄, 聯共, 扶助農工)" 정책은 결실을 맺어 드디어 국공합작이 이루어지게 되었다.

1924년 국민당 제1기 전국대표대회에서 '연소(聯蘇)·용공(容共)·농공부조(農工扶助)'의 3대 정책을 채택함으로써 국공합작이 발족되었으며, 공산당원은 그 당적을 보유한 채 개인의 자격으로 국민당에 입당하는 형식을 취하여 이대소(李大釗) 등 3명이 중앙집행위원에, 모택동 등 4명이 중앙집행위원 후보에 선출되었다.

1923년 가을 손문은 료중개 등을 파견해서 국민당특별회의를 소집해서 국민당개편문제에 대하여 토론하도록 했다. 이대소도 초청을 받아 참석하게 되었는데 손문은 러시아인 보로딘(M. M. Borodin)을 초빙하여 고문을 담당케 하였다. 이 회의에서 「중국 국민당개조선언」 등 문건을 초안하였고, 공산당과 코민테른의 도움으로 1924년 초 중국국민당 제1차 전국대표대회가 광주에서 개최하게 되었다. 주요 논제는 국민당의 개편 문제였고, 손문은 총리 신분으로 대회주석을 맡았다.

국민당원 호한민, 왕정위, 료중개, 우우임과 공산당원 이대소, 담평산, 임조함, 모택동 등이 이 대회에 참석하였고, 이대소는 대회주석구성원이었다.

이 대회에서 「중국국민당 제1차 전국대표대회선언」을 통과시켰다. 이 선언문의 내용은 중국공산당을 받아들이며, 그리고 새롭게 삼민주의를 해석하고, 구삼민주의를 신삼민주의로 발전시키는 등의 시대조류 정신에 부합되는 것이었다. 그리고 실질적으로 연아, 용공, 부조농공 (부조농공: 농민과 노동자를 돕는다) 등 3대 정책을 확정짓게 되었다.

이들 선언문의 내용은 대체적으로 중국공산당의 민주혁명강령과 기본원칙에 있어서 어느 정도 일치하는 관계로 국공양당이 합작하는 정치 발판을 마련하게 되었다. 그 결과 대회에서 공산당원이 개인 신분으로 국민당에 가입하는 것을 동의하였다.

대회에서 손문, 호한민, 왕정위 등 25인을 중앙집행위원으로 선출하였고, 그중 이대소, 담평산, 우수덕 등 세 사람은 공산당원이었다. 또 소원중 등 17명은 후보중앙위원으로 선출하였는데, 그중 모택동, 임조함, 장국도 등은 공산당원이다.

사실 국민당과 공산당 양당이 물과 기름의 관계로 합체하기가 쉬운 일은 아니었다. 그래서 국민당 장정을 토론하는 과정에서 벌써 격렬한 언쟁이 일어났으며 국민당 우파의 경우는 공산당의 참석을 격렬하게 반대하였다. 이에 이대소는 공산당을 대표해서 "공산당이 국민당에 가입하는 것은 국민혁명에 공헌하고자 하는 것이고, 이것은 손문이 윤허한 광명정대한 행동이다. 공산당원이 국민당에 가입하였다면 국민당의 강령, 장정, 기율을 수행해야 한다. 국민당은 이미 공산당이 가입할 것을 허용하였다면 의심하여 제제할 필요가 없다."고

엄정하게 성명하였다.

그 후 얼마 지나지 않아, 국민당 우파는 등택여, 장계, 사지 등을 보내 국민당 중앙에 「탄핵공산당안」이라는 탄핵안을 제출하였다. 그들은 "공산당원과 청년당원이 국민당에 가입한 후 국민당의 생존발전에 지대한 방해가 된다."고 하면서 "국민당 내에 절대로 당 중 당이 있을 수 없다."고 말했다. 이 말은 국민당 안에 또 다른 당, 즉 공산당이 있을 수 없다는 주장이다. 그러나 국민당 중앙은 이 탄핵안을 기각시켰다.

제1차 국공합작(1924. 1~1927. 7)은 북방의 군벌과 그 배후에 있는 제국주의 열강에 대항하기 위하여 국공 양당 간에 맺어진 것으로 이 합작은 국민혁명(북벌)에 지대한 기여를 하였으며, 제2차 국공합작(1937. 9~1945. 8)[19]은 일본제국주의에 대하여 통일전선을 결성한 것으로, 대일전쟁에서 결정적인 역할을 수행하였다.

1912년 1월 1일 중화민국 임시총통으로 당선된 손문은 2달여 만에 원세개에게 민주공화국을 하겠다는 약속을 받아내고 자리를 넘겨주었다. 그러나 곧바로 원세개는 손문과의 약속을 배신하고 북경에 중앙정부를 성립시켰다. 손문은 평생을 걸었던 혁명의 실패에 대해 망연자실하였다.

---

19) 장개석 군대를 피해 장정(長征)의 길에 오른 중국공산당은 1935년 8·1선언을 통하여, 만주사변 후 극심해진 일본의 중국침략에 대한 항일민족통일전선을 제창하였다. 이런 상황에서 1936년 북방의 군벌 장학량(張學良)이, 공산당의 배후를 공격하도록 독려하기 위하여 찾아온 장개석을 감금하였다가 극적으로 석방한 서안사건이 발생한다. 이 사건을 계기로 내진빈대·일치항일(一致抗日)이라는 국민들의 요구에 부응하여 국민당 역시 협력관계를 모색하게 되었다. 결국 1937년 7월 일본의 선제공격으로 중일전쟁이 발발함과 동시에 제2차 국공합작이 이루어져 항일통일전선이 형성되었다. 공산당군은 팔로군(八路軍)·신사군(新四軍)으로 개칭되어 전선에 배치되었다. 하지만 국민당은 국공합작에 따른 공산당의 전력증강에 두려움을 느껴 1938년경부터 적전내전(敵前內戰)이 시작되어 분열을 하던 중 1945년 일본의 패망을 맞이하였다. 그 후 전면적인 내전에 돌입, 공산당의 인민해방군이 승리함으로써 1949년 10월 중화인민공화국이 수립되었다. 1981년 중화인민공화국은 타이완의 국민정부에 대하여 중국의 평화적 통일을 위해 국민당과 중국공산당이 대등한 입장에서 교섭·제휴하자는 이른바 제3차 국공합작을 제의하였다.

이때 손문이 생각한 것이 국회에서 의석을 많이 확보하면 문제는 간단하다고 생각하였다. 그래서 1912년 8월 동맹회를 기초로 공화당, 국민공당, 국민공진회 등의 정당을 연합해서 국민당을 창설하였다. 여기서 손문은 당수이고, 송교인 등이 이사로 당선되었다.

또 공산당은 1920년 초 이대소, 진독수 등이 공산당 창립문제를 토의했고 1920년 10월에는 이대소가 북경공산당소조를 창립하였고, 1921년 6월에는 전국을 대표하는 중국공산당이 창립되었다. 이때 창립한 장소는 상해의 프랑스 조계 사립학교 기숙사였고 참가자는 모택동 등 13인이었다.

바로 이 국민당과 공산당이 연합을 하여 제1차 국공합작이 탄생하게 되었다.

1. 기간: 1924~1927년
2. 결과: 기본적으로 군벌세력을 패배시켰다.
3. 종지: 군벌을 없애고 중국을 통일한다.

   외국의 패권을 없앤다.

   사회 불평등을 제거한다.
4. 특이한 점

시종일관 소련이 관여하였다. 혁명기간 중 소련의 지도와 원조가 있었고, 자금·조직·군사훈련·무기 등 소련의 도움을 많이 받았다. 소련이 이렇게 국민혁명에 지원한 데는 이유가 있었다. 1917년 레닌이 러시아혁명을 성공시킨 후에, 레닌은 국제적 공산당 조직인 코민테른을 조직하고, 세계공산화를 위해 도움을 아끼지 않았다. 1919년

에는 인도네시아와 이란이 공산당을 창당하게끔 도움을 주었고, 21년
에는 중국, 22년에는 일본에게 공산당을 창당하도록 도움을 주었다.
소련의 이와 같은 전 세계 공산화를 위해 세운 방침에 의해 국민혁명
을 돕게 된 것이다. 즉, 국민당을 이용해 공산당을 키우려고 한 것이
바로 이 국민혁명, 즉 제1차 국공합작이다. 손문은 처음부터 공산당
과 손잡을 생각은 없었다. 하지만 소련은 모든 수단을 동원했다. 손문
이 공산당과의 동맹을 원치 않으니 소련은 손문에게 자금을 지원해
서 국민당의 생계를 회복하게 하겠다고 약속했고, 또 공산당에게는
잠시 굴복하고 개인 신분으로 국민당에 가입할 것을 종용했던 것이
다. 이렇게 해서 중국 남쪽에서 무산계급과의 접근을 포함한 공산당
원 확보에 주력할 것을 권유하였다.

1924년에 열린 중국 국민당 제1차 전국대표대회에서 국공합작이
정식으로 확립되었다(1924. 1. 20~30). 이 대회에서 손문은 총리로서
대회주석을 담당하였으며 모택동, 이대소를 비롯한 공산당원은 총수
의 14%를 차지하게 되었다.
아래에 중국 국민당 제1차 전국대표대회에서 채택된 세 가지 선언
문을 소개한다.

1. 현재 중국이 살 수 있는 유일한 길은 국민혁명을 하는 것과 삼민
   주의를 실시하는 것이다.
2. 삼민주의를 새롭게 해석한다. 민족주의는 본래는 만주족의 타도
   에 역점을 두었으나 현재는 제국주의 세력의 침략으로부터 중국
   민족을 보호하여 대외적으로 중국민족은 스스로의 힘으로 해방

한다. 민권주의는 국민은 선거권뿐 아니라 파면의 권리를 갖고 있다. 민생주의는 평균지권과 자본절제를 원칙으로 하며 국가가 세금징수와 수매를 통해 토지를 국가소유로 많이 하고 토지권이 소수에게 있는 것을 방지한다. 그래서 농사짓는 자는 토지가 있어야 한다는 구호를 제창하였다.

3. 국민당의 정강을 규정한다. 즉, 대외관계에서 일체의 불평등조약을 취소하며 군벌정부가 빚진 외채를 폐지하며 인민은 집회결사, 언론, 출판, 신안, 거주의 자유가 있다.

이 대회에서는 국민당장정이 제정되었는데 그 특징은 국민당에 가입하려는 자는 혁명의 성의가 있는지의 여부만 물어보고 그 이외의 문제는 불문에 처하기로 하였으며 이 결과 공산당원들이 정식으로 국민당에 가입할 수 있게 되었으며 또한 공산당적도 보류하는 것이 가능하게 되었다.

그러나 이 대회 이후 1925년 3월 12일 손문이 갑자기 서거하여 혁명의 위기가 오는 듯하였으나 장개석이 그의 뒤를 이어 후계자가 되어 1926년 6월 5일 국민혁명군 총사령관이 되었다.

장개석은 일찍이 보정군관학교(保定軍官學校)에서 수학하였다. 후에 일본사관학교에 진학하였다가 동맹회에 가입하여 손문의 총애를 받았다. 1923년 손문은 그를 "손일선박사대표단[孫逸仙(손문)博士代表團]" 명의로 소련 고찰단으로 파견하였다. 국민당 제1차 대회 기간 동안 그를 육군군관학교 준비위원 위원장으로 위임하였고, 얼마 되지 않아 정식으로 황포군교 교장으로 임명하였다.

1924년 봄, 황포군관학교에서 제1기 신입생 입학고사를 실시하였고, 여름에 손문은 황포군교 개학식에 참석하여, 개회사에서 그는 "우리가 지금 이 황포군교를 설립한 것은 러시아를 모방한 것이고, 바로 혁명군대를 만드는 데 있다."고 연설하였다. 황포군관학교는 1924년에서 1927년까지 3년 동안 6기를 실시하였고 학생 총 1만 2,000명을 모집하였으며 우수한 군사정치 인재를 많이 육성하였다. 배출된 많은 사람들은 후에 국공 양당의 고급 장령들이 되었다.

국민혁명의 총사령이 된 장개석은 7월 6일에 「국민혁명군 출사선언」을 발표한다. 이 출사선언에서 장개석은 "중국국민의 고난의 원인은 제국주의의 침략과 그 도구인 매국군벌의 포학에 있다. 이들 세력을 물리치지 않으면 통일정부의 건설은 영원히 희망이 없을 뿐 아니라 혁명의 근거지마저도 빼앗길 염려가 있다. 그래서 국민정부는 매국군벌을 토벌해야 한다."고 선언하였다.

국민혁명의 결과는 비교적 성공적이었다. 군벌세력들은 대부분 약화되었으며 전국은 장개석의 세력범위 내로 들어갈 수 있게 하는 계기를 마련하였다. 장개석은 공산당과 합작한 후인 1927년 1월 1일 호북성 무한에 수도를 정하였는데 혁명이 성공한 후에는 무한에 있는 공산당들을 모두 쫓아버리고 남경으로 수도를 재차 옮기게 된다. 국공합작은 결렬하게 되었다.

국민혁명에 대한 평가는 중국과 대만이 상반된 입장을 보인다. 중국은 국민혁명이 실패했다고 주장한다. 그 이유는 혁명에 의해서 군벌세력을 퇴치시켰지만 공산당의 근거지였던 무한에서 쫓겨났고 또 국민당이 정권을 장악했기 때문이다. 대만은 국민혁명이 성공했다고 주장한다. 그 이유는 국민당 장개석이 정권을 장악했고 국민혁명의 목적인 전국을 통일했기 때문이다.

아래에 국민정부가 북벌을 시작하면서 북벌에 관하여 전국에 선언한 선언문 내용을 소개한다.[20]

혁명의 지도자 손문 선생이 전제정부를 타도하고 공화국을 창립한 이래로 어언 15년이 되었다. 인민은 비로소 무궁한 희망을 품게 되었고, 오랫동안 쌓였던 전제의 그늘이 하루아침에 타도되었으니 음침한 골짜기를 벗어나 자신의 행복한 집으로 옮겨 살 수 있고 관료들의 학정은 이로부터 영원히 근절되리라 여겼다. 그러나 예기치 않게 점차적으로 우리가 품은 희망은 사라지고 신해혁명은 비록 중국이 독립할 수 있는 일대 장애를 제거하였으나 여러 가지의 문제와 환난이 다시 생겨나기 시작했다. 청정부의 승승장구한 관리들은 혁명의 이름을 도적해서 나라와 백성을 해치고 인민을 위해 해방을 꾀하지도 않는다. 처음 원세개가 스스로 황제가 되고 이어서 여원홍은 복벽을 만들고 뒤이어서 풍, 서, 여, 조, 단 등이 서로 자리를 훔치면서 모두 공화의 이름을 빌어서 군벌의 행실을 하지 않는 것이 없다. 병권을 손에 잡고 있어 정권이 이들 손에 있으니 비록 국회가 있다 할지라도 권력을 마음대로 휘두르는 것을 가리는 어용기관에 불과했다.

국민혁명성공만세! 북벌승리만세! 피압박민족 및 국민정부 대연합만세!

중화민국 15년(1926) 9월 7일[21]

---

20) 「國民政府出師北伐告全國」, 중국제2역사당안관편, 『국민정부 당안자료회편』 제4집, 강소고적출판사.
21) 국민정부공보 1926년 제44호.

평화통일을 위해서 손문은 1924년 북상하게 되는데, 이때 북상선언을 발표하게 되었다. 손문은 "안으로는 군벌을 타도하고 국문회의를 개최하고, 밖으로는 군벌이 의지하고 생존케 하는 제국주의를 타도한다."라고 선언하였다.

1924년 11월 손문은 상해를 거쳐 일본에 갔는데 그는 일본 신호(神戶)에서 기자회견하면서 "통일은 중국 전체 국민의 염원이다. 혁명거사 이래 여러 차례 전란이 있었는데 이 모두 각국이 어느 한 파를 원조해서 그 파의 야심을 북돋았기 때문이다. 그러므로 반드시 중국을 어지럽게 하는 외국세력을 제거해야 한다. 그렇지 않을 경우 중국 평화통일은 절대불가능하다."고 주장하였다.

손문은 중국의 평화통일을 위하여 반드시 먼저 불평등조약을 폐지해야 한다는 신념이 있었으며 이의 실현을 위하여 노력하였다.

하지만 중국 혁명에 관한 혁명의 불꽃은 여기까지였다. 12월 초 손문은 천진(天津)에 도착했고, 그날 저녁부터 간암으로 투병하게 되었다. 이미 진행된 상태이었고 말기에 이르렀으므로 당시 의술로서는 치료가 불가능한 상황이었다. 1925년 초 시국 수습을 위한 국민대표회의가 베이징에서 소집되었다. 손문은 동지들을 인솔하여 베이징으로 향하는 도중에 쓰러졌다. 결국 1925년 3월 12일 베이징에서 사망했다.

이 해 2월 24일 손문은 유언을 남겼다.

"나는 30년 동안 중국의 자유평등을 얻기 위한 국민혁명에 모든 힘을 다했다. 그간의 경험을 통해 반드시 민중에 호소해 궐기시키고 세계에서 우리를 평등하게 대하는 민족과 연합해 공동으로 분투해야 한다는 사실을 알게 되었다. 현재는 아직 혁명이 성공하지 못했다. 나의 동지들은 필히 나의 저술인 『건국방략』, 『건국대강』, 『삼민주의』, 『제1차 전국대표대회선언』을 따라 계속 노력해 주시오.”

이 유언은 왕정위가 손문의 구술을 받아쓰는 형식으로 이뤄졌다. 그러나 그의 첫 유언에는 부인 송경령과 자식들에 대한 언급이 없었다. 그는 한 달 뒤 다시 첫 유언을 남길 때 참석했던 사람들 모두 모아놓고 두 번째 유언을 했다.

“내가 국사에 진력하다 보니 집안일을 돌보지 않았다. 내가 남긴 서적과 의복, 주택 등 일체는 나의 처 송경령에게 주어 기념으로 삼도록 하라.”

손문은 “혁명은 아직 성공하지 못하였으니 동지들은 여전히 노력해야 한다.”[22]고 했고 또 “나는 국민혁명에 힘쓴 지 40년이 되었는데, 그 목적은 중국의 자유와 평등을 구하는 데 있다. 40년의 경험을 쌓아 이 목적에 도달하려면 반드시 군중을 불러일으키고 세상에 평등으로 우리를 대하는 국가와 연합해서 공동 분투해야 하는 것을 깊이 알고 있다.”[23]라는 내용의 유지를 남겼다.

1925년 손문이 갑자기 사망하자 국공합작의 위기가 닥쳐 왔다. 손문 사후 국민당과 공산당 양당 간의 갈등이 증폭되었다. 대계도(戴季

---

22) 革命尙未成功, 同志仍須努力.

23) 余致力國民革命凡四十年, 其目的在求中國之自由平等, 積四十年之經驗, 深知欲達到此目的, 必須喚起民衆及聯合世界上以平等待我之民族, 共同奮鬪.

陶)는 손문주의(孫文主義)의 구호를 외치면서 공산당과 국민당은 손
문주의를 신봉해야 한다고 했다. 하지만 국민당은 북경 서산(西山)에
서 서산회의를 개최하였는데, 그들은 공산당과 분가할 것을 요구하였
다. 장개석은 역시 당의 의견에 동의하였고 세계혁명은 공산당이 영
도하지만 그러나 중국혁명은 반드시 국민당이 이끌어야 한다고 주장
하였다. 정국은 혼란 속으로 빠져든다.

 국공합작 이후 반제국주의운동의 성격을 띤 농민운동이 발전하기
시작한다. 1925년부터는 전국각지에서 노동자들의 파업이 불같이 일
어난다. 이 중 규모가 큰 사건이 '5·30운동'과 '홍콩대파업' 사건이
다. 5·30운동은 상해의 학생들이 공공조차지(公共租界)에 가서 강연
을 진행하자 영국 순보경찰이 무자비하게 학생들을 진압하고 수십
명의 학생들을 살상한 사건이었다.

 이 사건이 발생하고 상해의 노동자와 학생과 상인들은 파업과 휴
업을 결의하고 반제통일전선조직인 상해공상학연합회(上海工商學聯
合會)를 설립하였다. 상해공상학연합회는 담판조건을 제시하였다. 그
내용은 군사재판권을 취소, 그리고 책임자 처벌과 배상, 영국과 일본
군대의 영원한 상해로부터의 철수 등을 포함하는 내용이다.

 그러나 제국주의 세력들이 전기 공급과 대출 등을 끊는 등 고압적인
정책을 전개하자 상해 상인연합회는 파업을 풀었으며 민족자산가 세력
역시 통일전선에서 발을 빼게 된다. 5·30운동은 신민주주의 혁명시기
제국주의와 군벌세력들에게 일정한 타격을 준 사건임에 분명히다.

 5·30운동이 전국의 지지를 받으며 전개된 시기인 6월에 홍콩과
광주의 노동자들은 파업을 진행하였고 오조정과 등중하 등의 주도하
에 홍콩파업위원회가 결성되었다. 홍콩대파업은 장장 16개월 동안 진

행되었으며 이 운동은 세계파업의 역사에서 가장 긴 시간으로 역사
에 기록되었다.

국민혁명이 시작된 후 직계와 봉계 두 파는 혁명세력을 소멸하기
위해 공동으로 "반적"이라는 구호 아래 연합전선을 폈다. 1926년 장
작림은 일본무력의 지지하에 풍옥상의 국민군을 공격하기 시작했고,
국민군은 결국 북경에서 철수했다. 오패부는 호남에 있는 국민혁명군
을 공격했다.

국민정부는 제국주의를 타도하고, 군벌통치를 물리치고 중국을 통
일하기 위해서는 1926년 북벌할 것을 결정하였다. 북벌의 주요 대상
은 오패부, 장작림과 손전방이다. 북벌의 방침은 주력을 집중시켜 북
상해서 오패부 세력을 제거하고, 그 다음 동으로 가서 손전방의 병력
을 소멸시키고 끝으로 장작림의 군대를 섬멸한다는 계획이다.

1926년 5월 국민정부는 맨 먼저 공산당과 청년단원이 주축인 제4
군 섭정(葉挺) 독립단과 제7군의 일부를 북벌의 선봉으로 삼고 호남
으로 진군시켰다. 북벌이 시작되자 호남과 호북이 두 전쟁터가 되었
고, 북벌군은 주력을 집중시켜 오패부를 공격해서 호남을 점령한 후
에 이어서 호북의 주요 군사지역을 점령하고, 가을에 무창을 점령하
였다. 오패부의 주력부대는 패배당했다.

북벌군이 호북에서 격전을 벌리고 있는 동안 손전방은 군대를 강
서로 이동시켜 북벌군의 측방과 후방으로 공격을 시도하였다. 북벌군
은 남북으로 협공하여 손전방의 주력부대를 섬멸하고 구강(九江)과
남창을 섬멸하였다. 복건성의 적군이 들고 일어나는 바람에 북벌군은
아무런 저항을 받지 않고 복건과 절강을 점령할 수 있었다.

1927년 봄 북벌군은 양자강을 따라 동으로 내려와 남경을 점령하

고, 상해에 주둔하게 되었다. 반년이 되지 않아 북벌군은 주강 유역에서 양자강 유역까지 공격하였으며 가는 곳마다 승리하여 전국을 떠들썩하게 만들었다. 1927년 초 국민정부는 광주에서 무한(武漢)으로 옮겼으며 무한은 전국 혁명의 중심지가 되었다.

1926년 봄 풍옥상은 소련에 방문을 갔었는데 그는 중국공산당과 소련의 도움 아래 점차적으로 혁명에 기울어 결국 국민당에 가입하였다. 가을에 그는 귀국했고 이때 국민군은 이미 호북까지 진군한 상태였다. 그는 즉시 군대를 인솔하고 북벌에 참가했다. 그의 부대에는 유백견과 등소평 등이 있었다.

1927년 초여름 무한국민정부가 계속 북벌하였고, 주력이 하남의 봉군을 공격하였다. 북벌군은 연전연승하여 정주(鄭州)까지 진군하게 되었는데 이때 풍옥상도 부대를 이끌고 전주로 향했다. 봉군은 양면의 공격을 받아 할 수 없이 철군하였다. 이와 동시에 남경의 국민정부혁명군도 북상하여 직노 연합군을 패배시키고 서주(徐州)를 점령하였다.

1926년 북벌전쟁이 시작된 후에 영국은 중국혁명을 간여하기 시작하였다. 영국의 태고공사(太古公司) 선박은 양자강에서 중국목선 3척을 부딪혀 침몰시켜 승객 수십 명이 익사하는 사건이 발생하였다. 해당 지역 군민은 사천성 만현(萬縣)에서 태고공사선박을 억류시켰다. 이에 영국은 군함을 파견해 대포로 만현을 포격하였고 이로 인한 군민 사상자는 천여 명에 달하였다. 이것이 바로 '만현참안'이다.

그리고 1927년 1월 3일, 무한 노동자, 학생과 시민이 대회를 소집해서 북벌승리와 국민정부가 무한으로 옮겨 갔음을 경축하고 있었다. 그런데 영국 수병이 총검으로 한구(漢口) 영조차지 부근에 모인 군중을 쫓아내고, 1명을 찔러 죽이고, 10여 명이 부상당하는 사건이 발생했는데 이것이 1·3참안이다.

이에 이립삼과 유소기 지도하에 무한 노동자 수십만 인이 시위를 하는데 노동자들은 조차지로 돌입하면서 순포를 쫓아버리고 정부가 조차지를 거두어들이기를 요구하였다. 며칠 후에 영국수병은 또 구강(九江) 부두에서 노동자규찰대원 한 명을 죽이고, 여러 명을 상해하였고, 또 영군 군함은 대포를 쏘았다. 구강의 노동자들은 분개하여 영조차지에 몰려 들어가서 점령하였다. 이런 상황에서 국민정부는 한구와 구강에 있는 영조차지를 거두어들였다.

1927년 무한(武漢)에 혁명정권이 수립되어 비교적 성공적으로 전개되었던 국공합작은 결국에는 실패와 위기를 맞이한다. 공산당의 영향력 확대를 두려워한 장개석은 1927년 4월 상해(上海)에서 반공 쿠데타를 감행함으로써 국공합작은 결렬되고 공산당은 불법화되었다. 이러한 패배에 큰 타격을 입은 중국공산당은 토지혁명을 추진함으로써 농촌지역에서의 세력 확장에 주력하였으며, 모택동을 지도자로 하는 강서성(江西省)의 '중화소비에트'를 성립시켜 남경(南京) 정부에 대항하였다. 이에 따라 4년간에 걸친 국공합작이 막을 내리게 되었다.

국공산당과 소련의 도움으로 1924년 5월, 국민당은 광주(廣州) 황포(黃埔)에 중국국민당 육군군관학교, 약칭 황포군교를 설립하였다. 장개석이 군교의 교장, 료중개는 당대표, 주은래는 정치부주임으로 부임하였다. 황포군교와 이왕의 군교와의 상이점은 정치교육과 군사훈련의 중요도를 똑같이 하고, 애국정신과 혁명정신에 중점을 두었다. 이 군교는 국민혁명군을 육성하는 데 기초를 마련하였다. 그리고 이 혁명기간 동안 군사인재를 많이 육성하였다.

제7장

제1차 국공합작의 실패

1927년 7월 15일 제1차 국공합작은 실패로 끝나고 말았다. 국공합작 실패 후에 중국의 정세는 국민당과 공산당이 대치하는 국면을 형성하게 되었다. 이러한 중국을 사이에 두고 미국과 일본은 쟁탈의 주요 적수가 되어 서로의 이익을 챙기느라 바빴다. 미국은 두터운 경제를 바탕으로 해서 경제 확장 수단을 채택하였으므로 중국에서 유리한 입장에 있었고, 일본은 자국의 경제위기를 벗어나기 위해 소위 '대륙정책'을 시행하는 데 박차를 가하고 있었다.

1927년 7월 15일 왕정위는 무한에서 국민당 중앙 '분공(分共)' 회의를 개최하였다.24) 왕정위는 이 회의에서 공산당과의 결별을 선언하였다. 그는 "억울하게 천 명을 죽일지라도, 한 명의 공산당을 빼놓을 수는 없다."는 신념 아래 공산당에 대한 숙청을 단행하였다.

한편 4·12정변 이후 남경에 국민정부를 건립한 장개석은 왕정위를 중심으로 하는 무한의 국민정부와 국민당의 최고 지도권 쟁탈전을 벌였다. 하지만 얼마 되지 않아 장개석이 "이퇴위진(以退爲進: 한

---

24) 팽명주 편, 『중국현대사지료선집』, 제1·2책보편(1919-1927), 「장개석, 왕정위등개반공비밀회의(蔣介石, 汪精衛等開反共秘密會議)」, 중국북경: 중국인민대학출판사, 1991, 454쪽.

발 물러서는 것이 앞으로 나아가는 것이다)"이라는 책략을 써서 하야를 선언하게 되었으며 왕정위 중심의 무한국민정부는 1927년 가을 남경으로 옮겨 남경국민정부와 합병할 것을 동의하였다. 이를 역사에서는 '영한합류(寧漢合流)'라고 일컫는다.

8월에 하야를 선언한 장개석은 9월에 일본으로 건너가 세 가지 일을 완성했다. 첫 번째는 송미령과의 결혼이다. 그는 일본에서 요양 중이던 송가수(송미령의 부친)의 허락을 얻어 송미령과 결혼하므로 미국과의 외교전선을 구축하게 되었다. 아이러니하게도 어떤 이들은 이 둘의 결혼은 '중미합작'이라고 했는데, 그 이유는 장개석 이름 중간글자 "중[中: 장개석의 호가 중정(中正)임]"과 송미령 이름 중간글자 '미(美)'를 결합시키면 바로 '중미합작(中美合作)'이라는 것이다. 두 번째는 장일밀약의 체결이다. 일본이 장개석에게 거액의 자금을 반공(反共)하는 데 쓰도록 지원하는 조약을 체결하였다. 세 번째는 장개석과 미국주일특사와의 밀약체결이다. 이 밀약은 상호적인 것으로 미국은 전적으로 장개석이 다시 중국에서 권력을 장악하고, 나아가서 중국을 통일할 수 있도록 지원하고, 장개석은 미국이 중국에서의 모든 권익을 보장한다는 내용이다.

'영한합류(寧漢合流)' 후 국민당 각파의 다툼은 더욱 심하게 되었으며 이 기회를 틈타서 봉계 군벌 장작림이 남하하여 국민당을 공격하였다. 그 결과 1928년 장개석이 다시 정계에 복귀하고 남경국민정부를 개편하였다.

1928년 초 국민정부는 장개석을 국민혁명군 총사령으로 임명하였다. 그리고 국민당 제2차 4중전회에서는 "모두 공동으로 공산당 반대"라는 주장이 관철되었다. 이어서 국민정부는 북상해서 봉계군벌을 토벌하는 동시에 신속하게 제남을 점령하려 하였다. 그러나 일본이 출병하여 북벌을 저지하고, 제남을 점령하면서 대량의 학살을 자행한 사건이 발생했다. 이것이 바로 '제남참안(濟南慘案)'이다. 이에 장개석은 발길을 돌려 북경과 천진을 압박하니 봉계군이 동북으로 물러가면서 북벌군은 북경을 점령하기에 이르렀다.

장작림의 패배가 확연시되자 일본은 황고둔(皇姑屯)에서 폭탄을 장치하여 폭파시켜 장작림을 죽였다. 장작림이 사망한 후에 장작림의 아들 장학량이 그의 뒤를 이어서 동북보안총사령관이 되었다.

국민정부는 장학량에게 국민정부로 편입할 것을 권유하였고, 반면에 일본은 그에게 독립하라고 협박했다. 1928년 말 기로에 선 장학량은 국민정부로 귀순할 것을 선언하였는데 이것이 유명한 '동북역치(東北易幟)'라는 사건이다. 역치(易幟)라 함은 깃발을 바꾼다는 뜻인데, 즉 기존에 소속되어 있던 곳에서 이탈해서 다른 소속으로 들어간다는 뜻을 의미한다. 이를 계기로 신강성과 열하지역에 있던 군벌들도 모두 역치하게 되었다. 동북역치는 중국의 통일을 의미하는 것으로 역사적으로 큰 의의를 갖는다.[25]

장학량의 역치에 대해서 반대하고 협박한 나라가 있었는데 그 나라는 다름 아닌 일본이었다. 일본은 중국 동북지역에 자신들의 세력을 확장하기 위해 혈안이 되어 있었는데 교섭하는 대상이 아무래도 군벌이 군민정부보다는 용이하다고 판단했을 것이다.

동북역치 이후 국민딩 내부에서는 신군벌들의 권력투쟁 양상이 전개되어 혼란에 빠지게 되었다. 이 중에서 비교적 규모가 큰 싸움은

---

25) 팽명주 편, 김덕군 부주편, 『중국현대자료선집』, 제3·4책, 보편(1927－1937), 중국북경: 중국인민대학
　　출판사, 1991, 11－21쪽.

장계전쟁(蔣桂戰爭), 장풍전쟁(蔣馮戰爭), 중원대전(中原大戰) 등이다.

국민정부 시기의 중국 사회는 계속된 전란으로 인하여 군비 확충과 군수물자 조달에 총력을 기울였다. 따라서 군비가 급증하므로 국민정부의 재정적자는 심각한 수준이었으며 이로 인한 피해는 모두 국민에게 돌아갔다.

1. 남창기의와 정강산(井岡山)

1927년 4월 12일 상해에서 정변이 일어났다. 장개석은 국민정부를 남경으로 옮기는 동시에 공산당을 압박하기 시작했다. 이런 이유로 북벌은 부득이 중단되었다.

1927년 7월 중순 중공중앙은 조직개편을 단행한다. 이때 진독수는 총서기의 직책이 정지되었고 대신 장국도, 이유한, 주은래, 이립삼, 장대뢰로 대표되는 임시중앙상무위원회 위원들이 이를 대신하였다. 또한 중공중앙은 남창(南昌)에서 거사를 단행할 것을 결정하였으며 그리고 주은래를 서기로 하는 중공전적위원회를 구성하여 이번 일을 책임지고 진행하게 하였다.

1927년 8월 1일 주은래, 하룡, 섭정, 주덕, 유백승 등은 혁명군을 인솔하고 남창에서 거사하였다. 이를 '남창기의'라고 한다.26)

---

26) 남창기의: 남창기의에는 여전히 중국국민당의 깃발을 사용했는데, 무력으로 국민당과의 전투를 하였다. 기의 승리 후 중국국민당혁명군위원회를 설립하고, 송경령 등의 명의로 선언을 발표했다. 장개석과 왕정위는 국공합작을 배반하고, 연아, 용공, 부조농공(聯俄, 容共, 扶助農工)이라는 3대 정책을 파기하였다고 지적하면서 이들은 이미 손문의 죄인이 되었으며, 모든 혁명인은 반드시 손문의 유지를 받들어 계속 분투할 것을 호소하였다.

남창기의를 기점으로 해서 계속되는 몇몇 기의는 중국공산당이 독립적으로 무장전투를 하여 이후의 혁명근거지를 세우는 서막을 열게 되었다.

1927년 10월 모택동은 공농혁명군을 이끌고 정강산 지역에 도달하였다. 여기에서 모택동은 유격전투를 전개하고, 토지개혁을 실시해서 농공혁명정권을 수립하였다. 반년의 노력 끝에 정강산에 혁명 근거지를 만들었다.

1928년 4월 주덕, 진의가 남창기의의 일부 군사와 상남의 공농무장 병사를 이끌고 정강산에 와서 모택동의 공농혁명군과 합병해서 중국 공농홍군 제4군을 편성하였다. 이때 전 군은 만여 명 정도였으며 주덕이 군장을 담당하였고, 모택동은 당대표를 담당하였다. 이후 정강산 근거지는 부단히 곤고해지고 확장되었다.

모택동은 이 정강산의 경험을 토대로 3편의 문장을 썼다. 「중국의 홍색정권은 왜 존재할 수 있는가?」, 「정강산의 투쟁」, 「성성지화, 가이요원(星星之火, 可以燎原: 별빛은 들을 밝힐 수 있다)」 등 이상 3편의 문장에서 모택동은 이후 국민당과의 싸움에서 나아가야 할 전술전략을 밝히고 있다. 이들 문장에서 모택동은 이론적으로 중국혁명은 농촌혁명근거지를 건립할 것을 채택하며 농촌으로써 도시를 포위하고 그 다음 단계에서 도시를 탈취하는 노선을 구축할 것이며 이것은 중국의 특수 상황에 따라 결정한 것이라는 것을 밝히고 있다.

특히 「중국의 홍색정권은 왜 존재할 수 있는가?」라는 문장에서는 혁명을 위해서는 반드시 3자가 결합해야 하며 이 삼자는 첫째, 무장투쟁이고, 둘째는 토지혁명이며, 셋째는 근거지혁명이라고 혁명의 방법에 관하여 분명하게 밝히고 있다.

모택동은 '공농무장할거(工農武裝割據)' 사상을 기초로 해서 혁명근거지의 범위를 점점 확장시켰다. 1930년에 이르러서는 전국 10여개 성에 혁명근거지 십여 곳이 마련되었다. 무장인원은 10만여 명에 달하였다.

홍군과 혁명근거지의 급속한 발전에 국민당은 놀라워했고 당황하였다. 이에 장개석은 1930년 말에서 1931년 가을까지 홍군의 혁명근거지를 3차례에 걸쳐 공격하였다. 장개석의 소탕작전에 수세에 몰린 홍군은 1931년 겨울 중화소비에트공화국 제1차 전국대표대회를 강서성 서금에서 개최하게 되었다. 이 회의에서 중화소비에트공화국 임시중앙정부가 수립되었다. 그리고 서금을 수도로 정하고 헌법대강을 제정하였으며 모택동은 임시중앙정부의 주석으로 선출되었고 주덕은 중앙혁명군사위원회주석으로 임명되었다.

2. 공산당 소탕작전

국공합작 후 10년간은 장개석 정권이 중국을 통일한 시기였다(1927~1936). 이 기간 중에 공산당은 무한에서 쫓겨나 결국 장정의 길을 선택한다. 드디어 1931년 11월 강서성 서금에서 정부를 수립하였다. 이때 모택동은 주석이었고 주덕이 홍군의 총사령관이 되었다.

〈그림 4〉 주덕과 부인 강극청과 딸 주민

〈그림 5〉 1975년 주덕 위원장이 중국을 정식 방문한 조선당정 대표단 단장 김일성을 회견.

공산당 소탕에 전력을 다하고 있었던 장개석은 1931년 9월 18일 만주사변이 일어났음에도 전혀 아랑곳하지 않고 공산당과의 싸움에 온 힘을 다 쏟아 붓는다. 예를 들면 1933년 제5차 공산당 소탕작전에서 100만 대군을 동원하기도 하였다. 이 당시 장개석은 미국, 영국, 독일 등 열강의 지지하에 100만 군대와 200대 비행기를 동원하여 홍군에 대한 대규모 공격을 하였다. 국민당군은 점령하는 곳마다 진지를 구축하는 안정적인 전술을 시행하면서 한편으로는 홍군을 강서성 남쪽으로 몰아서 섬멸하려는 정책을 펼쳤다.

홍군은 1년간 강서성 서금(瑞金)에서 버티다가 전략적 방향수정을 단행하지 않으면 안 되는 지경에 이르렀다. 결국 홍군은 1934년 10월 서금을 버리고 역사적인 2만 5천 리 대장정을 시작해서 1년 후인 1935년 말 구사일생으로 섬서성 연안에 도착하게 되었다.

1934년 말 대장정을 시작할 당시에 홍군 10만 명의 인원이 1년 후에는 상상하기 어려울 정도로 약 4천 명만이 살아남았다.

목숨을 건 이 대장정이 진행되면서 해결해야 할 중요한 핵심 문제에 부딪히게 되었다. 첫째는 홍군은 다음에 어디로 가느냐 하는 문제와 둘째는 누가 홍군을 지도하느냐 하는 문제였다. 즉, 하나는 국민당 권력의 주변에서 적당한 새 근거지를 찾는 일이었고 또 하나는 홍군을 인솔할 지도자였다.

공산당은 새 근거지로서 자신들을 지켜주고 통제해주고 조직할 수 있는 지역을 찾고 있었다. 그 당시 중국의 각 지역에는 국민당 외에도 각 지역의 지방 군벌들이 차지하고 있어 중공중앙 홍군이 비집고 들어갈 자리는 전혀 없었다. 게다가 장개석의 군대가 홍군의 뒤를 계속 추적하고 있었다. 그래서 홍군은 가능하면 전력을 다해 멀리멀리

도망갔다. 장개석으로서는 홍군의 뒤를 계속 추적함으로써 공산당군을 소탕할 수 있는 한편 또 중앙 정부의 군대를 변경으로 보낼 수 있는 장점이 있었다. 대장전 끝에 홍군은 마침내 새 근거지를 찾았다. 그곳이 바로 섬서성 연안(延安)이었다.

대장정 초기에 특히 도강, 작전 등에서 여러 실책으로 커다란 손실을 가져왔다. 따라서 홍군을 인솔한 지도자가 절실히 필요했다. 그래서 절박한 심정으로 대장정을 진행하는 동안 중국공산당의 노선, 방침, 정책문제 등의 방면에 탁월한 지도력을 보여줌으로써 모택동은 공산당 중앙의 지도자로서의 자리를 굳히게 되었다.

3. 준의회의와 대장정

대장정이 시작되면서 박고(博古)와 이덕(李德) 등의 지도부는 국민당군의 봉쇄선을 돌파하는 전술을 펼쳤다. 하지만 뚜렷한 목표의식과 전술지도 없이 무모할 정도로 포위를 돌파하는 전술정책은 8만에서 시작한 병력이 5만의 병력을 잃게 되는 심각한 결과를 낳게 됐다.

이때 모택동은 본래 상서(湘西: 호남서쪽) 지역으로 이동할 홍군의 계획에 문제 제기를 하였다. 또한 모택동은 장개석 군대가 이미 홍군의 의도를 눈치 채고 도처에 국민당 군을 매복시키고 있으니 상대적으로 취약한 귀주지역으로 전진할 것을 세기하였다. 이러한 모택동의 전술에 대해 다른 지도자들은 긍정적인 의견을 표시하였고 홍군은 드디어 오강(烏江)을 건너 귀주성 북쪽의 전략적 중심지역인 준의(遵義)를 점령하여 국민당 군대를 호남서쪽으로 따돌리는 데 성공했다.

모택동이 원래의 계획을 포기하고 귀주(貴州)로 진군함으로써 홍군의 장정은 전략적으로 성공을 거두었으며 15일 홍군은 귀주 여평현성(黎平縣城)을 점령할 수 있게 되었다. 이에 홍군 지도부는 회의를 통해서 상서(湘西) 전진계획을 포기하고 다시 검북(黔北)으로 전진할 것을 결정하였고, 1월 7일 검북의 중요 도시 준의(遵義)를 점령하면서 적군의 추적을 비로소 따돌릴 수가 있었고, 홍군도 여기서 새로운 힘을 얻게 되었다.

1935년 1월 준의에서 중공 중앙 정치국확대회의가 개최되었다. 이 회의에서 박고가 회의의 사회를 맡았다. 그는 먼저 당 중앙을 대표해서 제5차 '중공소탕전'의 결과보고를 했다. 보고에서 그는 자신의 잘못된 판단에 대해서 변호를 했다. 이어서 주은래는 홍군총정위의 신분으로 부차적인 보고를 했다. 그는 대국적 측면에서 주동적으로 전쟁실패의 책임을 떠안았다. 동시에 이제부터 군사지휘권을 모택동에게 건네줄 것을 제안했다.

이때 모택동은 회의에서 중국혁명전쟁의 전략적인 문제에 대해서 논술하면서 심각하게 홍군의 제5차 '반중공소탕전' 실리의 근본원인에 대해서 분석하면서 군사지도자의 단순 방어전을 편 착오적인 전략으로 야기한 것임을 지적하였다. 장문천(張聞天)과 왕가상(王稼祥)도 박고와 이덕의 군사적인 착오를 비판하면서 모택동의 주장을 옹호하였다.

준의회의에서 집중적으로 박고 등의 군사적, 조직상의 '좌'의 잘못을 올바르게 잡고 모택동의 주장을 긍정적으로 승인하였다. 따라서 모택동이 중앙정치국상임위로 선출되는 동시에 박고와 이덕은 군사지휘권을 박탈당했다.

1월 15일에서 17일까지 중공중앙의 정치국확대회의인 준의회의가 개최되었는데 이 대회는 중공 역사에 있어서 매우 중요한 의미를 갖는다.

첫째는 여기서 모택동이 중앙정치국상위로 선출되면서 모택동은 중공중앙의 핵심이 되어 지도사로서의 정치생명을 굳히는 토대가 되었다. 회의 후 얼마 되지 않아 모택동, 주은래, 왕가상(王稼常) 3인 소조(三人小組)가 구성되어 전군의 군사행동을 총책임지게 되었다.

둘째는 홍군대장정의 연이은 실책으로 실패가 거듭되는 위급한 상황에서 벗어나 숨을 잠깐 돌리게 되는 동시에 이렇게 함으로써 중공 공산당은 행운의 여신이 손을 내미는 운명의 전환점을 맞게 되었다는 점이다.

셋째는 모택동의 가장 친밀한 동료이자 미래의 총리인 주은래를 발견했다는 점이다. 그는 위대한 재능을 지닌 매력적인 인물로서 항상 중립적인 위치를 고수했으며, 언제나 조직의 단합을 추구했고 결코 최고의 자리를 노리는 경쟁자가 되려고 하지 않은 분별력이 있는 사람이다.27)

준의회의는 중앙에서의 왕명(王明) '좌'의 잘못된 통치를 결속하고, 사실상 모택동을 핵심으로 하는 신당중앙의 지도력을 확립하는 데 역사적인 의미가 크다 하겠다. 이것은 중국공산당은 자신들의 노선, 방침, 정책문제를 충분한 토의와 고민을 통하여 해결할 수 있었던 사례라고 하겠다.

준의회의 후에 홍군의 전투력은 매우 향상되있다. 모택동의 전술은 국민당 군을 혼란에 빠뜨리게 했다. 모택동은 국민당군의 추격을

---

27) 이세평, 중국현대사강, 중앙광파전시대학출판사, 1993, 235－6쪽.

성동서격(聲東西擊: 동에서 소리를 내고 서를 공격함) 작전으로 따돌렸으며 장개석 군대의 포위작전을 따돌리고 금사강(金沙江)을 건넜다. 그리고 홍군은 이 기회를 틈타 계속적으로 북상하였고 대도하(大渡河)를 건너 노정교(瀘定橋)를 점령하고, 눈과 얼음으로 덮인 협금산(夾金山)을 넘고, 사람이 없는 대초원을 지나 감숙과 섬서성으로 들어갔다.

1935년 10월에 중앙홍군은 유지단(劉志丹)이 인솔하는 섬북 홍군과 성공적으로 만났다. 그 이듬해 10월에, 홍군의 3대 주력부대인 홍이방면군, 홍사방면군, 홍인방면군이 감숙 회령(會寧) 지역에서 재회의 기쁨을 나누었다. 이로써 홍군의 2만 5천 리 장정은 성공적으로 결속되었다. 장정의 결과에 대하여 모택동은 매우 고무적으로 "장정은 역사기록상의 첫 번째이고, 장정은 선언서고, 장정은 선전대고, 장정은 파종기다. 장정은 우리가 승리하고, 적이 실패한 결과로서 결속함을 고하였다."라고 평가하였다. 홍군은 1935년 말 구사일생으로 섬서성 연안에 도착하였다.

1934년에서 1937년 가을까지 남방홍군과 유격대는 중국공산당의 지도하에 여덟 개 성[공, 월, 상, 악, 예, 환, 절, 민(贛: 강서성, 粤: 광동성, 湘: 호남성, 鄂: 호북성, 豫: 하남성, 皖: 안휘성, 浙: 절상성, 閩: 복건성)]과 15개 지역에서 3년 동안 유격전을 벌였다. 이 유격대의 무장역량은 후에 대일항쟁 때 큰 힘을 발휘하였다.28)

---

28) 이세평, 중국현대사강, 중앙광파전시대학출판사, 1993, 240쪽.

〈그림 6〉 모택동이 연안에서.

제8장
장개석(蔣介石)의 전국통일시대

1. 장개석(蔣介石)의 생애

장개석은 본명이 중정(中正)이며 1887년 10월 31일 절강성(浙江省) 봉화현(奉化縣) 계구진(溪口鎭)에서 출생하였다. 부친은 장조총(蔣肇聰), 모친은 왕채옥(王采玉)이다. 조부 때부터 염업(鹽業)을 경영하여 집안은 부유한 편이었다.

그는 1906년에 보정(保定)군관학교에 입학하였고 다음 해 일본으로 유학을 갔다. 1908년에는 일본육군사관학교 예비반인 도쿄진무학교(東京振武學校)에서 수학하였으며 이때 혁명사상에 관하여 관심을 갖고 공부하다가 진기미(陳其美)의 소개로 손문이 일본 도쿄에서 세운 중국동맹회(中國同盟会)에 가입하였다.

1911년 역사적인 민주혁명인 신해혁명이 발발하자 장개석도 혁명에 참가하였다. 그리고 1918년에는 직접 손문의 휘하로 들어가 주로 군사적인 면에서 손문을 도와 활약하였으며, 1919년 5·4운동 때 중국국민당이 성립되었을 때는 장개석도 그 일원으로 참석하게 되었다.

1922년 6월 손문이 진형명(陳炯明)과 결별하게 되자, 진형명은 광주총통부(廣州總统府)를 포격하였고, 손문은 황급히 영풍함(永豐艦)으로 피신하였다. 이때 장개석은 손문이 보낸 "사태가 긴급하니 속히 오기 바란다(事緊急, 盼速来)."는 전보를 받고, 상해에서 광주로 속히 돌아와 영풍함 선상에서 5~6일 동안 작전 끝에 8월 9일 겨우 위험에서 벗어나 손문과 함께 상해로 돌아갔다.

하지만 손문과 장개석은 반공문제에 있어서는 생각이 완전히 달랐다. 철저한 반공산주의자였던 장개석은 1923년 소련을 방문할 때부터 계속 적군(赤軍)에 대해 연구하였고, 그렇게 해서 내린 결론은 공산주의는 중국에 적합하지 않다는 것이었다. 따라서 장개석은 손문의 '국공합작'에 대하여 비판적인 견해를 가지고 있었다.

1923년 손문이 대본영을 광주로 옮겨와 국민혁명정부를 건립하면서 북양정부(北洋政府)와 대항했다. 이때 열강은 모두 다 손문과 국민혁명군을 지지하지 않았다. 하지만 오로지 소련만이 손문을 지지하고 있었다. 이로부터 손문은 소련의 영향을 받아 국민당을 개편하는 동시에 '연아용공(联俄容共)' 정책을 실시하였다. 손문은 소련의 군사 및 정치고문을 초빙하고, 공산당원은 개인 신분으로 국민당에 입당토록 허용하였다.

1923년 9월에서 11월까지, 손문은 장개석을 소련에 파견하였으며 장개석은 대표로 사찰단을 인솔하고, 소비에트 체제정치와 군사시스템을 고찰 학습했다.

이때 장개석은 소비에트 체제정치와 군사시스템을 상세하게 고찰하고 학습한 후에 "소비에트정치체제는 전제와 공포조직이며, 중국 국민당의 삼민주의 정치제도에는 전혀 허용할 수 없는 제도다."라고 여기고 소련은 "적색제국주의(赤色帝國主義)"이니, 공산주의 역시 중국에 적합하지 않다고 결론을 내렸다.

그리고 광주에 돌아온 장개석은 손문에게 '국공합작'에 대한 자신의 의견을 솔직하게 말했고 반공할 것을 주장하였다. 하지만 손문은 그의 말에 동의하지 않았고 장개석의 염려는 지나친 기우라고 생각했다. 그러나 장개석은 그의 뜻을 굽히지 않았다.

그는 시종일관 반공(反共)을 주장하여 손문과 의견이 상충되어 결국 장개석은 육군군관학교 총장직을 사임하고 낙향하게 되었다. 1924년 4월, 손문이 재삼 장개석의 복직을 권고하므로 드디어 장개석은 황포군관학교 교장직을 수락하고 교장직에 다시 재임하였다.

1925년 3월 12일, 손문은 사망하였다. 손문의 사후 그가 없는 국민정부는 국민당과 공산당 양자 간의 갈등이 점차 증가되어갈 수밖에 없었다. 1925년 11월, 중국국민당은 서산회의(西山會議)를 개최하여 용공(容共)을 반대하기에 이르렀다.

이때 소련고문 케리 힐 시즌은 중화민국의 적화를 기도하므로 장개석과의 협력관계가 급속도로 악화되었다. 이 때문에 케리 힐 시즌은 힘써 친공(親共)파 왕정위와 손잡고 장개석을 밀어낼 계획을 세웠다.

1926년 3월 19일에는 중산함(中山艦) 사건이 발생하였다. 이에 3월 20일 장개석은 광주로 되돌아와서 계엄령을 선포하였다. 사건이 종결된 후에 소련은 장개석의 요구를 받아들여 케리 힐 시즌을 불러들이고 다시 보로딘을 국민정부 고문으로 파견하였다.

장개석은 1926년 국민혁명군 종사령에 취임하여 북벌을 개시하였다. 1927년 3월 20일 북벌군 동로군(東路軍)은 용화(龍華)로 진입하여, 상해를 포위하였다. 3월 21일 상해 노동자는 국민당 유영건(鈕永建)과 공산당 주은래 등의 인솔하에 제3차 무장행동을 발동하여 조차지 이

외의 상해시를 점령하고, 2,700명의 공인규찰대(工人糾察隊)를 조직하
였다. 3월 22일 북벌군 동로군 총지휘 백숭희(白崇禧)가 군대를 인솔
하여 상해로 진입했다.

1927년 3월 23일 북벌군이 남경을 함락시켜 '남경사건(南京事件)'
을 일으켰다. 그들은 3월 24일 갑자기 외국인을 배척하는 대규모의
강탈사건을 일으킨다. 이때 남경 성내와 외국영사관, 교회, 학교, 상
사, 의원, 외국인, 주택 등이 모두 강탈당했다.

3월 28일 채원배(蔡元培)는 상해에서 중국국민당 중앙감찰위원회
회의를 소집하였고, 이 자리에서 채원배는 공산당의 세력이 국민당
내부에서 날로 팽창하여, '당중유당(党中有党)', 즉 국민당 속에 또 하
나의 당이 있으니, 만약에 이를 일찍이 뿌리를 뽑지 않으면 훗날에
통제하기가 어려울 것이라고 했다.

4월 18일 장개석은 남경에 국민정부를 수립하여, 무한의 왕정위 정
권과 대립하므로 역사에서 이를 '영한분렬(寧漢分裂)'이라 한다. 이어
서 중국공산당과 국민당 좌파는 연합해서 무한(武漢)에서 장개석을
토벌하는 운동(討蔣運動)을 시작했다. 북벌은 부득불 중단되었다.

7월 7일 풍옥상(馮玉祥)은 낙양에서 '청당(淸黨)' 실시를 선언하였
다. 이 선언에서 풍옥상은 군, 사장(軍, 師長)의 허락을 거치지 않고서
는 모든 회의를 열지 못하게 규정하였으며 공산당에 대해서는 언제
입당했고, 누가 보증했는지를 밝히고, 떠나기를 원하는 자에게는 여
비를 나누어 주고, 남기를 원하는 자에게는 공산당을 탈당하고, 국민
당의 지도를 들어야 하며, 국민당의 규칙을 준수해야지만 국민당에서
그를 수용할 수 있다고 성명하였다.

7월 15일 국민당 좌파 영수 왕정위는 스탈린이 소련고문 보로딘에

게 국민정부 분열을 시도하라고 하명한 것을 알게 되었다. 국민당은 드디어 단합해서 공산당언론을 금지할 것을 결심하였고, 또 동시에 보로딘과 기타 소련 고문의 파면을 결정하였다. 역사에서는 이를 '영한합류(寧漢合流)'라고 한다. 이에 따라서 국공합작은 결렬하게 되었다.

소련은 국민당과 중화민국에 대한 통제를 할 수 없게 되자 공산당이 군대를 조직할 수 있도록 크게 힘썼다. 하지만 공산당이 여러 차례 무력 폭동에 실패하자, 공산당에게 농촌지역으로 들어가서 힘을 키우고 발전하도록 권고하였다. 국민당과 공산당은 결국 공개적으로 결렬하게 되어, 이후 양군은 10년간 무장대치의 형세를 이루게 되었다.

장개석은 이후에도 계속 군관훈련에 힘써왔는데 1933년 남창(南昌)에 군관훈련단을 창설하였고, 1935년에는 여산(廬山)으로 옮겨 지속적으로 군관양성을 게을리하지 않았는데 이것이 바로 유명한 여산서기훈련단(廬山暑期訓練團)이다. 훈련단의 주요 임무는 중·고급군관을 양성하는 것이며 이 훈련단은 제2의 황포군관학교라고도 한다.29)

여산서기훈련단의 교과내용에는 항일의 내용이 증설되었는데 이 사실로 보아 장개석이 중공소탕전에만 관심이 있고, 항일에 전혀 관심이 없었던 것은 아닌 듯하다.

일본은 일찍부터 중국을 침략할 계획을 세우고 있었기 때문에 중국이 통일되는 것을 원하지 않았으며 오히려 중국이 통일하지 못하도록 여러 가지로 방해를 하였는데, 1928년 5월 일본은 "일본교포를 보호한다."는 넝목하에 신동(山東)으로 진공하여 북벌을 저지하였다.

장개석은 일본과 교섭하는 한편 주배덕(朱培德)을 전적총지휘(前敵總指揮)로 위임하고, 적극적으로 북진하여, 5월 1일 북벌군은 제남(濟

南)에서 승리를 거두었다. 일본 군대는 북벌군을 저지하기 위해 5·3 참안을 일으켰다.

3일에서 5일 사이에 일본군대는 제남시 성곽에서 빌미를 만들어 북벌군을 향해 도발하고 습격하였다. 장개석은 북벌군이 반격하지 못하도록 했다. 그리고 제남시에 진입한 부대에게 3일 밤에 제남시 외곽으로 나오도록 엄중히 명령하였다. 일본군이 계속 총탄을 쏘는 동안 장개석은 견디고 참으며 오로지 북벌을 위해 도강(渡江)을 강행하고, 다만 이연년(李延年)의 보병만 제남에 남아서 지키도록 했다.

6일 장개석은 계속 북진하여 평음(平陰)·우성(禹城)·석가장(石家庄)·임기(臨沂)·덕주(德州)·정현(定縣)·장가구(張家口) 등에서 승리하고, 석가장에 병사를 주둔시키고, 다시 보정(保定)에서 승리를 거두었다.

6월 3일 장작림(張作霖)은 북경을 떠나 출관(出關: 산해관문을 나감)하였는데, 황고둔(皇姑屯)에서 일본 군대가 파묻어 놓은 폭탄에 의해 폭사당했다. 6월 8일 북벌군은 평화적으로 북경을 점령하였다.

1928년 10월 10일 장개석은 국민정부 주석직에 취임하고, 오원(五院)을 조직하였으며 중화민국 훈정시기 시정을 선언하였다. 그리고 법제국(法制局)을 창립하고, 외교연구위원회를 설치하였으며, 불평등조약을 폐지하는 절차를 연구하였다. 또 중요한 하나는 관세 자주를 선고한 사실이다. 그리고 11월에 국새를 제정하고, 금연을 실시하였다. 관세 자주에 관해서는 미국이 제일 먼저 관세 자주를 승인하였으며, 일본 외에 다른 나라들은 다 동의하였다.

12월에 중요한 사건이 발생하였다. 장개석은 이 난세를 타파할 수 있는 중요한 인물인 장학량을 얻은 것이다. 장학량은 중국 동북을 통괄하는 봉계(奉系)군벌인데, 역사에서 이 사건을 북양오색기(北洋五色旗: 봉계 깃발)를 청천백일기(靑天白日旗: 국민정부 깃발)로 바꾼 것이라 하여 '동북역치(東北易幟)'라 한다.

이로 해서 국민정부는 중국통일을 선포하였다. 사실 1928년 6월부터 동북역치가 계획되었음에도 불구하고 12월 29일이 되어서야 겨우 이루어졌던 것은 일본이 계속 방해공작을 했기 때문이다.

다나카 카쿠에이(田中角榮) 외상의 지시에 따라 하야시히사시치(林久治郎) 총영사는 권고, 협박 등 방법으로 여러 차례 방해를 했다. 그럴 때마다 장학량은 "몰법자(沒法子)"라고 말하였다고 한다. 그 뜻은 "방법이 없다."는 뜻이다.

드디어 동북역치가 이루어지자, 12월 31일 일본 총영사 하야시히사시치이 장학량을 방문하고, 그에게 제국정부는 동북역치가 매우 의외라고 생각하고, 권익을 보호할 의향이 있으면 길회(吉會)·장대철로(長大鐵路) 공정협약 실시를 제기할 것을 요구하였다. 그때도 장학량은 여전히 "몰법자"라고 대답해, 하야시히사시치 일본총영사가 매우 노하였다고 기록하고 있다.30)

장개석은 남경 국민정부 주석과 육·해·공군 총사령이 되어 당과 정부의 지배권을 확립하였다. 그러나 1930년 광동(廣東)·광서(廣西)의 계계(桂系)군벌들과 풍옥상(馮玉祥)·염석산(閻錫山) 등 군벌이 연합해서 중원대전(中原大戰)을 일으키는 사건이 벌어졌다. 이때 장학량이 군대를 이끌고 산해관(山海關)을 지나 북평(北平)에 와서 함께 선전하였으므로 연군반장동맹(聯軍反蔣同盟)은 곧 와해되었다. 장학

---

30) 팽명주 편, 김덕군 부주편, 『중국현대자료선집』, 제3·4책, 보편(1927-1937), 중국 북경: 중국인민대학 출판사, 1991, 11-21쪽.

량의 적극적인 도움으로 장개석의 군벌 소탕전은 일단락이 났다. 이제 장개석의 당면과제는 중공과 일본이었다. 이 두 과제 중 어느 쪽을 먼저 처리해야 할지가 아마 큰 고민이었을 것이다.[31]

그가 선택한 것은 '양외필선안내(攘外必先安內)'와 '부저항정책(不抵抗政策)'[32]이었다. 즉, "우선 내정을 안정시키고 후에 외적을 물리친다."는 것과 "저항하지 않는 정책" 등 두 방침이었다. 그래서 그는 1930년부터는 5회에 걸쳐 대규모 중국공산당 포위전(剿共)을 수행하였으며 만주사변 후 일본의 침공에 대해서는 '양외필선안내', '부저항정책'에 따라 항일보다는 군벌을 이용, 오로지 국내통일에만 전념매진하고 있었다.

그러나 그가 선택한 '양외필선안내', '부저항정책'은 진행이 순조롭지 못하였다. 오히려 중국의 동삼성(東三省) 동북지역은 일본이 마음껏 하고 싶은 대로 유린하여 이 지역 모두 일본 차지가 되어 버리고 말았다. 이 같은 불행한 결과를 초래함으로써 장개석의 두 정책은 지극히 비합리적인 정책으로 낙인이 찍혀 중국국내의 항거하는 목소리가 높아만 갔다. 그래서 '양외필선안내'와 '부저항정책'에 대항하는 '내전정지(內戰停止)', '일치항일(一致抗日)'과 '타도일본제국주의(打倒日本帝國主義)'를 주장하는 중국인의 목소리는 장개석을 가장 불리한 상황에 처하게 했고, 그를 매우 불리한 코너로 사정없이 몰아갔다.

1936년 독전(督戰)하러 서안(西安)에 갔던 장개석이 자신의 부하인 장학량(張學良) 군대에 의해 감금되었다. 이것이 바로 역사적으로 유명한 서안사변인데, 이 사건의 결과 1937년 제2차 국공(國共)합작으

---

31) 위의 책, 412-14쪽.
32) 위의 책, 412-14쪽.

로 돌입하게 되었다.

이 시기에 일어난 중대사건은 만주사변(9·18사변), 위만주국, 서안사변이 있다. 9·18사변은 일본의 중국침략이 시작되는 시점으로 볼 수 있다. 일본은 1868년 명치천황이 즉위하던 해에 "일본은 만국의 주인이며 만 리 파도를 개척하여 사방에 국위를 펼친다."고 선포하였다. 이어서 소위 '대륙정책'을 제정하면서 대외침략의 5단계를 확정하였다.

1단계: 대만(1894년 청일전쟁의 결과 시모노세키조약을 통하여 획득하였음)
2단계: 조선(역시 1894년 청일전쟁 후 시모노세키조약 1조 1항에서 조선의 독립을 명기하면서 조선에 관한 지배권을 확립하였음)
3단계: 만몽지역(1931년 만주사변으로부터 시작하여 1932년 위만주국의 건국으로 실현시킴)
4단계: 중국(1937년 노구교사건으로 본격화함)
5단계: 동남아, 아시아, 세계 정복

2. 9·18사변[유조호사변(柳條湖事變)]

1931년 9월 18일, 이날 매우 평범했던 작은 마을 유조호(柳條湖)는 하루아침에 중국근대사에서 잊지 못할 유명한 지역으로 바뀌게 되었다. 이 치욕스러운 날을 기억하기 위해 지금도 매해 이날이 되면 동삼성 전역에 경적(警笛)을 울린다고 한다.33)

1931년 7월 23일, 9·18사변이 일어나기 전에, 장개석은 「고전국동포서(告全國同胞書)」를 선언하면서 '양외필선안내(攘外必先安內: 우선 내정을 안정시키고 후에 외적을 물리친다)'와 그리고 "공산군을 섬멸하여 민족의 원기를 회복할 것이며, 외부의 침략을 막기 위해서 먼저 광서의 군벌을 소탕해야 하고, 이렇게 해야만 국가의 통일을 완수할 수 있고, 또 외적을 물리칠 수 있다."고 호소했다.

중국은 비록 통일시대를 맞이했다고는 하나 신해혁명 때와 마찬가지로 모든 일이 그렇게 순조롭게 풀리지는 않았다. 중국에서 장개석, 군벌, 공산당 삼 형제가 열심히 싸우는 동안 결국 옆에서 지켜보던 일본은 중국침략의 기회를 얻어냈다. 이미 오래전부터 중국을 침략할 계책을 세우고 기회만 엿보고 있었던 일본은 또 본국의 경제위기를 탈피하고자 본격적으로 중국 침략을 시도하기 시작했다. 국민당이 공산당 소탕작전을 펴는 데 여념이 없을 즈음, 일본은 이 기회를 놓치지 않았다. 일본으로서는 다시 오지 않을 절호의 기회였다.

일본은 조선을 식민지화한 후 중국 동북지역을 러시아가 남하하지 않도록 막는 전략적 완충지대로 삼을 것을 표명하였으며 또한 중국 동북지역은 자원이 풍부한 까닭에 일본으로서는 호시탐탐 중국동북지역을 침략할 기회만 엿볼 수밖에 없었다.

그리고 당시의 세계정세 역시 일본에게 유리하게 전개되고 있었다. 영국·미국·프랑스 등 주요 국가는 세계 경제공황의 충격으로 재정적 파탄에 이르게 되었으며 따라서 세계 각국은 자신의 이익을 돌보느라 일본의 중국침략에 대해 별다른 관심을 보일 여력이 없었다.

---

33) 하립파(何立波), 「7·7사변 – 전국항쟁의 폭발점 – 」, 북경: 중공당사출판사(中共黨史出版社), 2005, 9쪽.

　이러한 국내외 정세는 일본의 중국침략을 가능케 하였고, 일본은 이런 점을 놓치지 않았다. 1931년 9월 18일 일본 관동군은 심양에 있는 남만로 철로를 폭파시키고 나서 이것이 중국군인의 소행이라고 주장하면서 동북군 주둔지인 북대영(北大營)을 폭격하였다. 그리고 심양에 대해 전면공격을 단행한 사건이 일어났다.

　1931년 9월 18일, 장학량이 중원대전에 참가하기 위해 동북군 주력부대를 인솔하고 입관(入關)하여 화북지역에 주둔한 사이에 일본 관동군은 이 기회를 이용해서 사령(司令) 혼조전통(本庄繁)이 직접 계획을 세워 심양 부근의 유조호(柳條湖)에 있는 남만철로(南満鐵路)의 일부분을 파괴하고 나서, 이를 국민혁명군의 소행이라고 중상모략하고, 바로 그날 저녁 심양북대영(瀋陽北大營) 국민혁명군을 향해 진공하였다.

〈그림 7〉 강택민(江澤民)의 친필로 "9 · 18사변을 잊지 말라."는 내용이다.

9·18사변은 이렇게 해서 시작되었고, 일본의 중국 침략전쟁도 이렇게 시작되었다. 남쪽에서 중공소탕전을 펴고 있던 장개석은 이 소식을 듣고, 즉각 장학량에게 "심양 일본군의 행동은 지방사건에 속하는 것이니 힘써 충돌을 피하고 사태가 확대되지 않도록 하라. 그리고 모든 대일교섭은 중앙이 알아서 처리할 테니 기다리고 있으라."고 전보를 쳐 부저항명령을 하달하였다. 이에 심양에 주둔하고 있던 중국 동북군 참모장 영진(榮臻)과 장학량은 장개석의 '부저항' 명령에 따라 대일 작전을 엄금하였다.

9·18사변 후에도 장개석은 '양외필선안내(攘外必先安內)', '부저항정책(不抵抗政策)', 즉 "우선 내정을 안정시키고 후에 외적을 물리친다."는 것과 "저항하지 않는 정책" 등 두 방침을 세워 동북군이 일본에 저항하지 못하도록 하였다. 결국 반년도 못 되어 동북 동삼성 전역이 일본의 손에 넘어가게 되었다.

그러나 사실 동북군이 장개석 명령에 복종하여 일본과 작전하지 않은 것은 아니었다. 그들 중 몇몇은 장개석의 부저항 명령에 복종하지 않고 일군과 작전한 사람들도 있었다.

동북군단장 왕철한(王鐵漢) 등은 부하를 이끌고 일본과 작전을 하였고, 황현성(黃顯聲)은 심양 경찰을 인솔하고 일군과 열심히 싸웠다. 하지만 이들은 안타깝게도 모두 실패하였다. 결국 그 다음날 아침 심양은 함락되어 경찰들은 일군에 의해 총기를 몰수당한 후 피살되었다.

9·18사변이 발생하자마자 일본군은 갑자기 심양을 침략하고, 동삼성을 점령하였다. 이어서 만주국 괴뢰정권이 건립되었다. 중공은 이 기회를 틈타, 상(湘: 호남성의 약칭), 간(贛: 강서성의 약칭) 등 지역에 여러 개의 '중앙소구(中央蘇區)'를 세워 계속 세력을 확대해 나갔다.

그리고 1931년 11월 7일 소련의 지지하에, 중국공산당은 소련 국경일에 중화소비에트공화국(中華蘇維埃共和國)을 수립하고, 강서(江西) 서금(瑞金)에 수도를 세웠다. 이로부터 국민정부는 "북에는 일본군이, 남에는 공산군이 상호 호응하면서 양방향에서 동시에 압박 진공해오는 국면에 처하게 되었다.

9·18사변 후 전국에서 내전을 종식하고 대외 저항을 요구하자는 목소리가 커져갔다. 사회 여론의 압박이 커져감에도 불구하고 장개석은 여전히 '양외필선안내' 정책을 제기하고, 1932년 말, 제4차 공산군 소탕작전을 단행하였다.

3. 위만주국

일본 제국주의는 예정된 계획하에 1931년 9·18사변을 발동하고, 곧이어 만주에 대한 침략을 가속화하였다. 1932년 3월에는 동북지역을 식민지화하기 위하여 길림성 장춘에 청나라 마지막 황제였던 부의를 내세워 괴뢰정권인 만주국을 세웠다. 일본이 중국을 침략할 처음 단계에서는 일본이 사람들의 이목을 피할 수 있고, 자신들의 야심을 숨기면서 활동하는 데 편리하도록 '부의'를 방패막이로 내세웠던 것이다.

만주국의 성격에 관해서는 원숭이를 목욕시켜 관을 씌운 격(沐猴而冠)이라고 하는 것이 일본과 만주국의 관계를 정확히 말해주는 표현이라 하겠다. 9월 일본정부는 위만주국의 통치를 합법화하기 위해서 정식으로 만주국을 승인하고 「일만의정서(日滿議定書)」를 체결하여

실제로 만주국을 식민통치하기 시작하였다. 1934년 3월 '만주국'을
'만주제국'으로 개칭하고, 부의를 황제로 칭하였으며 연호를 강덕으
로 정하였다.

이로써 일본은 동북의 막대한 자원을 확보하는 데 성공했다. 이로
써 중국동북은 조선과 더불어 식민지의 원료공급지 역할을 하였으며
만주국은 중국 내지 침략의 전략적인 기지로 전락하였다.

일본의 중국침략이 가속화되자 중국은 국제연맹에 호소하였다. 이
에 국제연맹은 재차 일본에게 중국 동북지역에서 철수할 것을 명령
하였지만 일본은 이를 무시하였다. 결국 국제연맹은 1931년 11월 조
사단을 파견하여 진상을 조사하도록 명령하였다. 이 사건에 대해 일
본은 시종일관 자신들의 행위를 미화시키고, 정당한 처사였으며 당당

〈그림 8〉 위만주국의 휘장

〈그림 9〉 위만주국의 황궁

한 입장임을 밝히고 있다. 일본의 만주국 성립에 관한 입장은 만주국의 독립을 돕기 위한 것이었고 또 9·18사변의 원인이 되었던 남만로 철로 폭파와 관련된 사항에 있어서는 어디까지나 자위적 조치라고만 주장했다.

그러나 사건의 전말은 일본의 주장과는 판이하게 달랐다. 조사단의 보고서에 의하면 일본의 동북에서의 행동은 자위도 아니고, 만주국 역시 민의에 의하여 자발적으로 생겨난 것도 아니라는 것이다. 국제연맹조사단의 이러한 결론에 대해 일본은 동의하지 않았으며 오히려 1933년 3월 국제연맹에서 탈퇴하고 동북지역의 침략을 단행하였다.

일본이 중국 동북지역에 위만주국을 성립한 동기와 과정은 우리 민족을 식민지화하는 과정과 매우 흡사했다. 일본 사람은 암암리에 동북을 침략할 뜻을 품은 지 이미 30여 년이 넘었다. 그러나 동북의 국제관계가 복잡해서 이때까지 감히 먹어 삼키지 못하고 있다가 9·18

〈그림 10〉 청 마지막 황제 부의의 열병대 장소

사변 후 사변 후에 한간(漢奸: 일본 앞잡이)을 사주해서 위만주국을 설립하게 하고, 그 다음 일본이 뒤에서 위만주국을 조절할 수 있도록 하였다.

이로써 일본이 동북과 중국과의 관계를 벗어나게 하려는 계획은 성공을 거둔 셈이다. 일본은 표면적으로 위만주국의 독립을 승인하고 있었으나 실제로 대권은 모두 일본인 손아귀에 있었다. 위만주국은 제2의 조선과 마찬가지였다. 9·18사건 후「동경」,「조일」두 일간신문에 위만주국 성립의 내용과 국호 등이 소개되었다. 이 사실을 알게 된 사람들은 모두 경아해했으며 반면에 유독 일본만 기뻐했다. 일본은 조선을 식민지화한 후 십 수년 동안 군침을 흘렸던 만몽(滿蒙)을 탈취한 사실에 기뻐하고 자축하였다.

〈그림 11〉 위만주국 국무원 유지

〈그림 12〉 위만주국의 황궁에 설치된 호화스러운 엘리베이터

〈그림 13〉 위만주국의 황궁에 설치된 호화스러운 대리석인데,
이태리에서 직수입한 대리석이라고 함.

위만주국을 건립한 후에 일본 제국주의는 더 나아가서 뜻밖에 열하는 위만주국의 토지며, 만리장성은 위만주국의 경계라고 선언하기에 이른다. 그리고 1933년 1월, 일본군은 진일보 산해관(山海關)을 공략하였다. 동북군 하주국(何柱國)은 분기하여 반격하고 저항하였으며, 안덕형(安德馨)은 3백 명 군사를 통솔하고 힘써 싸우다 순국하였다. 하지만 일군의 기세는 파죽지세였다. 10여 만 대군을 동원한 일군은 세 갈래 길로 나누어 열하로 진공하였으며 겁에 질린 열하성 주석 겸 군단총지휘관 탕옥린(湯玉麟)은 제대로 싸우지도 않고 도주하므로 불과 열흘 만에 열하성은 함락되었다. 이어서 일본군은 만리장성 일대를 위협하고 있었다.

4. 서안사변

1931년 만주사변이 일어나면서 국가의 위기가 눈앞에 있음에도 장개석은 항일에는 힘을 쏟지 않고 공산당 소탕에만 힘을 기울였다. 장개석은 1933년 100만 대군을 동원하여 공산당을 소탕작전에 총력을 쏟아 붓고 있었다. 국민당의 전면적인 공세에 공산당의 주력부대는 궤멸되어 공산당은 도저히 버틸 수 없어 1934년 10월 강서성(江西省) 서금(瑞金)을 버리고 2만 5천 리 대장정을 시작하였다.

벼랑 끝에 몰린 공산당은 1935년 말 섬서성 연안에 도착하여 전열을 가다듬으면서 반격의 기회를 노렸다. 하지만 이 당시 모택동의 병력은 자신이 이끄는 6,000여 명과 다른 곳에서 온 공산군 3만 명 정도가 전부였다. 이런 상황에서 장개석은 섬서성 일대에 대해 제6차 공격을 가하였다. 홍군은 2만 5천 리의 벼랑 끝 도주에서 간신히 연안에 도착하였는데 도착하자마자 국민당의 대공격을 받게 된다. 공산당의 일대 위기였다.

국민당의 적극적인 공세 속에서 공산당은 소멸되는 듯하였다. 1935년 자신감을 얻은 장개석은 장학량을 섬서성으로 파견해서 공산당을 소탕하도록 지시하였다. 하지만 전장에서 동북군 정예군 3,000명이 섬멸되는 뜻하지 않은 일이 발생하였다. 이 사건은 이 당시 중국 국내에 매우 강하게 일어나고 있었던 항일의 여론과 무관하지 않았다.

예를 들면 중국공산당이 "중국인은 중국인을 치지 않는다." "고향을 위해 치러 가자!"라는 한마디 구국 구호를 외치면, 동북군 하급군관은 너 나 할 것 없이 약속이나 한 듯 일제히 이 말에 호응하고, 자동적으로 홍군과의 전투를 정지하고 홍군과 연합하였다고 한다. 고향을 잃고, 고국이 유린당하는 것을 지켜보는 중국인에게 이보다 더 큰 호소력은 없었을 것이다. 그러니 동북군 핏속에 일고 있었던 이러한 항일정신은 공산당에게 기사회생의 기회를 제공하게 되었던 것은 어쩌면 너무도 당연한 인륜지사였을 것이다.

드디어 국민당 장령 장학량과 양후청(楊虎城)은 홍군과 화해 정전하고, 장개석에게 연공항일(聯共抗日)할 것을 요구하였다. 괴멸상태에 있었던 공산당은 천재난봉(천재난봉: 천년에 한 번 올까 말까 하는 기회), 기사회생의 기회를 얻었다.

이 당시 국민당 내부에서도 항일문제에 대하여 내분이 일고 있었다. 장개석의 정책은 난관에 부닥쳤다. 이에 장개석은 이 문제를 해결하기 위하여 1936년 12월 4일 직접 열차를 타고 서안에 갔다. 하지만 서안에서 장개석은 장학량과 항일문제로 의견충돌이 일어났고, 결국 항일에 대해 강한 신념을 품고 있었던 장학량에 의해 장개석은 감금되었다. 이 사건이 바로 장학량에 의하여 발동된 유명한 '서안사변'이다.

중국현대사를 뒤바꾼 서안사변의 내막과 진실에 대해서는 사건의 주동자였던 장학량의 증언에 의해 최근에 밝혀지게 되었다. 사필귀정이라고 하지 않았는가? 2001년 10월 14일 향년 101세(1901~2001)의 장학량이 사망할 때까지 자유로운 삶은 아니었지만 살아남아서 역사의 산증인 역할을 하게 되었다. 2001년에 비밀을 털어놓겠다고 했었는데, 사망하기 전에 홍콩 봉황 TV를 통해서 이 베일에 가려져 있었던 서안사변 발동의 내막을 털어놓았다. 아래에 그 증언 내용을 소개한다.

위하는 중국 역사의 강이다(渭河爲中國歷史之河).

한나라와 당나라 때 위하는 중국의 천하다. 연후에 모든 것이 동으로 옮겨 오면서 모든 것이 다 황토 아래 묻히게 되었다.

1936년 12월 장개석은 화청지 오간청(華靑池五間廳)에 들어가서 살게 되었고, 이곳에서 그는 병사를 이동시키고 병장들을 지휘하였다. 30만 중앙군은 서안에 모여 있었는데 예비 토벌군이었다.

12월 9일 서안 학생들은 청원하기 위해서 가두에서 시위하였다. 남원문(南院門)에서 출발해서 동대가(東大街)를 거쳐 중정문(中正門)에 이르러 임동에 가서 장 위원장(장개석)을 만나기 위해서였다.

이연벽(李連壁)은 당시 학생 시위의 총지휘자였다. 이언벽은 당시를 다음과 같이 증언하였다.

학생시위는 중정문에 이르렀다. 중정문 옆에는 패교(壩橋)가 있는

데, 장개석은 이 패교 아래에 기관총 부대를 배치해 놓고 발사를 준비하고 있었다. 이때 장학량 장군이 나타나 학생들에게 동림에 가지 말 것을 타이르면서 막아섰다. 장학량은 "동림에 가지 말라. 내가 책임지고 여러분의 청원을 전달하겠다. 만약에 여러분들이 가게 되면 반드시 문제가 생길 것이다."라고 말렸다. 만여 명의 학생들이 확고히 반드시 자신들이 장 위원장을 만나야 할 것을 고집했다. 장학량은 할 수 없이 강력히 "여러분이 나를 믿기를 바라오. 나는 군인이요. 나는 애국자다. 동북사변 후에 나는 계속 마음이 불편하다. 시시각각으로 동북 내 고향을 그리워하고 있다. 내가 틀림없이 여러분의 뜻을 장 위원장에게 전달할 것이며 반드시 동북을 쳐서 수복할 것이다. 일주일 내에 행동으로 여러분에게 회답을 할 것이다. 만약에 나의 약속이 실현되지 않는다면 여러분들이 나 장학량을 죽여도 좋다."라고 말했다. 그래서 학생들은 자동 해산하게 되었다.

이날 밤 장개석과 장학량은 크게 다투었다. 장학량은 장개석에게 만일 학생들이 다시 가두시위를 벌이면 그들을 어떻게 처리할 것인지를 물었다. 장개석은 "기관총을 쏘는 방법 외에 다른 방법은 없다."고 대답했다. 이 대답을 듣고 장학량은 문득 중국 사람들이 아직 얼마나 더 희생해야 하는지를 깨닫게 되었다. 도저히 더 이상 상상할 수 없었다. 그래서 장학량은 서안사변을 일으키게 되었다.[34]

이상은 장학량이 밝힌 그 당시 자신의 심정이다. 장학량은 더 많은 희생을 원하지 않았기 때문에 엄청난 '서안사변'을 일으켰고, 또 평생

---

34) 『(張學良先生對西安事變證言內容)』, 香港鳳凰TV, 2001년 10월.

장학량은 이 사건에서 자유롭지 못했고, 보이지 않는 족쇄가 그 자신을 꽁꽁 묶어 놓았던 것이다.

서안에 말이 흉노 인을 밟고 있는 석상(馬踏匈奴石刻)이 있다. 이 석상은 한나라 때 곽거병(霍去病)을 기념하기 위한 것인데, 서안사변 전에 장개석이 이곳에 왔었다고 한다. 이때는 내우외환이 끝없는 시기였는데 장개석의 뇌리는 복잡했다. 항일을 해야 할지 아니면 공산당을 소멸해야 할지 자신의 생각으로는 공산당을 먼저 쳐서 정적을 없애는 것이 관건일 것 같은데 모든 여론은 항일을 최우선으로 해야 한다고 하니 고민이 아닐 수 없었다.

그리고 '내전정지(內戰停止) 일치항일(一致抗日)'을 외치는 여론이 높아진 가운데 1936년 장개석은 독전(督戰)을 위하여 재차 서안에 갔다가 장학량(張學良) 군대에 감금을 당하는 사건이 일어난다. 이제는 장개석에게 선택권이 없었다. 중국인민들의 선택만이 남아 있었다. 결국 1937년 7월 7일 북경 교외에서 노구교사건이 발발하자 국공양당은 중국인민들의 적극적인 지지하에 국공합작의 성공을 이루어냈다.

1937년 국공(國共)합작으로 장개석은 육·해·공군 총사령관의 책임을 맡고 전면적인 항일전을 개시하였다. 항일전쟁 중에 그는 국민정부 주석, 국민당 총재, 군사위원회 주석, 육·해·공군 대원수 등의 요직을 겸직하여 최고권력자로 군림하였다.

이후 중국공산당의 홍군은 장개석의 중앙정부에 편입되었으며 그동안 진행해왔던 프롤레타리아 공산혁닝 활동을 일시 중지하는 듯하였다. 하지만 실제적으로는 공산당은 자신들의 지지 세력을 계속하여 규합하여 1937년 4만여 명이었던 공산당의 숫자는 일본이 패망할 즈음에는 120만여 명으로 늘어났다.

제9장

항일전쟁과 일본의 무조건적인 투항

1. 노구교사건(7 · 7사변)

당시 육군성 군무과(軍務課) 정책반을 담당하던 반장 사토 헌장(佐藤賢瞭)은 『대동아전쟁회고록(大東亞戰爭回顧錄)』에서 "당시 일본 도쿄에 '제2의 유조호사변(柳條湖事變, 9 · 18사변)이 장차 칠석날 중국 화북에서 일어날 것이라는 유머가 나돌고 있었다."고 회상하고 있다. 이런 사실을 알고 있었던 것은 비단 사토 헌장만이 아니었다. 이마이 다케오(今井武夫)도 그렇게 회상하고 있었다. 이 같은 소식을 듣고 일본군부와 정계는 깜짝 놀라 사찰인원을 파견해서 진상조사에 나섰다.

일본동맹통신사 상해지사 마쓰모토(松本治重)는 화북 일군참모총장인 나가하시(長橋本群)를 방문해서 소문의 진상을 물었더니 그는 "일본 측에 다소간 문제가 있다. 낭인(浪人)과 일부 상인들은 천하에 사건이 생기지 않을까 늘 걱정한다. 시금 유인비이기 난무하고 있다. 심지어는 7월 7일에 일이 터질 거라고 하기도 한다."라고 말하면서 유언비어의 책임을 일부 낭인과 상인에게 떠넘겼다. 하지만 그의 회답을 보면 확실히 어떤 문제가 있는 것에 대해서는 부인하지 않고 있

는 것을 알 수 있다.[35]

그런데 화북에 주둔하고 있는 일군이 칼을 갈고 유언비어가 난무하는 가운데 중국 군인은 어찌 전혀 눈치를 채지 못했을까?

사실은 전혀 눈치 채지 못한 것은 아니고, 중국 측 역시 지하조직을 통해 어느 정도 정보를 알고 있었으며 7·7사변 전에 이미 중국 화북·북경·천진 지역군대는, 특히 노구교 일대 주둔군은 무기를 날카롭게 갈고, 말을 배불리 먹여 적극적으로 전투 준비를 하고 있었다.[36]

따라서 전쟁 전 동북지역은 일촉즉발의 전운이 전 지역에 감돌고 있었으며 드디어 1937년 7월 7일 밤 일본군은 북경 부근의 노구교(蘆溝橋)에서 중국군대를 향하여 진공한다. 하지만 중국군은 조금도 주저하지 않고 즉각 반격을 가하였다. 이 사건이 바로 '7·7 노구교사건'이다. 이 사건을 시작으로 해서 일본은 중국을 향하여 전면적 공격을 단행하였으며 이에 대항한 중국은 8년간의 기나긴 항일전쟁을 시작하게 되었다.

북경 남서쪽 10km에 위치한 노구교는 마르코 폴로가 『동방견문록』에서 세계에서 가장 아름다운 다리라고 극찬한 다리다. 다리 난간에 새겨진 수백 개의 아름다운 돌사자상과 아름다운 주변의 경치가 아마도 마르코 폴로를 매료시킨 듯하다. 노구교사건은 바로 1937년 이 다리에서 일어난 한 사건으로 중국대륙은 이후부터 8년 동안 일본과 전란의 소용돌이에 휩싸이게 되었다.

1937년 7월 7일 오후 11시쯤 다리 근처에서 야간훈련을 하던 중 일본군 한 명이 실종되는 사건이 벌어졌다. 이에 일본군은 완평성에 가

---

35) 하립파(何立波), 『7·7사변－전국항쟁의 폭발점』, 북경: 중공당사출판사(中共黨史出版社), 2005, 15－6쪽.
36) 하립파(何立波), 『7·7사변－전국항쟁의 폭발점』, 북경: 중공당사출판사(中共黨史出版社), 2005, 17쪽.

서 수사를 요구하다가 중국 29군에게 거절당했다. 이후 쌍방이 교섭을 진행하고 있는 가운데 일본군이 완평성에 대포를 쏘면서 공격을 단행하였다.

바로 노구교사건이 발발하기 전까지만 해도 1937년 북경시내 거리에는 화려한 네온사인이 반짝거리며 달관귀인들은 평상시와 다름없이 여전히 노래하고 춤추었고 선남선녀들은 사랑에 빠져 있었으며, 가두에는 황포차(黃包車: 인력거)가 질주하고 있어 전쟁의 흔적은 전혀 없이 평상시와 같았다고 한다.37)

분명한 사실은 노구교사건 후로부터 일본제국주의는 중국을 멸망시키기 위하여 총 진공을 하였고 중국 민중은 "현재 일본에 저항하는 것 외에는 다른 살 길이 없다."는 사실을 부르짖고 있었다는 것이다.

그러나 문제는 국민당의 장개석은 아직 항일에 대한 결심이 없었으며 사변이 일어난 지 10일 이후에야 비로소 강서성 여산에서 양면성이 있는 담화를 발표하게 된다. 이 담화에서 장개석은 "평화는 이미 최후의 시점에 와 있다."라고 하면서 들끓는 인심을 달랬으며 한편으로는 "절망이 오기 1초 전이라도 우리는 평화적인 방법으로 노구교 문제를 해결하기를 바란다."라고 말하였다. 그리고 외교부 역시도 또 부단히 일본과 대담하는 데만 노력을 기울였으니 그 결과 국민당은 일본과 협정을 체결하였다.

협정의 내용은 다음과 같다.

1. 국민당 당국은 일본군에게 유감을 표시한다.

---

37) 李孝悌 편저, 『歷史』 하, 대만, 臺北縣: 龍騰文化事業公司.

2. 29군은 평진의 노구교 영정하 동쪽으로 철수한다.

3. 민중들의 항일 운동을 진압하며 동시에 중일양국은 공동으로 공
   산당을 방어한다.

결국 29군은 7월 22일 철수를 단행하였으며 일본군은 또 계속 진
공하여 평진(平津)이 7월 28일과 30일 연이어서 점령되었고 이어서
남구(南口)도 역시 함락되었다.

사변이 발생한 다음날 중국공산당은 전국에 "평진이 위급하다! 중
화민족이 위급하다! 온 민족이 단결하고 항일을 하는 것만 우리들의
살 길이다. 우리들은 즉각 진공한 일군에게 맞서 공격을 가할 것을
요구한다. 그리고 전국의 모든 이들은 일본과의 평화에 대한 희망을
포기해야 한다."라고 호소하였다. 이와 동시에 공산당은 국민당 정부
에게 즉각 전력을 다하여 항전을 실행할 것과 민중애국운동을 개방
하며 스파이를 숙청하고 후방을 공고히 할 것을 요구하였다.

당시에 전국 민중은 대일 항전에 대해서 일치된 견해를 보였으며
또한 일본에 대한 어떠한 양보도 해서는 안 된다는 입장이었다. 이에
대한 견해는 심지어는 국민당의 중앙 군관학교 학생 및 장개석의 '금
위군' 하급 군관과 군사마저도 인민들의 격앙된 분위기 속에서 모두
항일을 요구하였다.

사실 국민당 군 하급관병들의 생각은 여전히 저항을 원하였다. 예
를 들면 국민당 정부가 29군에게 노구교로부터 철수하라는 명령을
내리자 한 명의 사병이 야밤에 적진으로 몰래 들어가 큰 칼로 13명의
일본병사 목을 베고 미칠 듯이 좋아하면서 돌아온 사건이 있었다. 국
민들의 염원과 압력하에서 장개석은 부득불 상해에서 응전하기로 결

정하였다.

8월 초 일본은 상해로 병력을 증원한다. 양군은 일촉즉발의 긴장된 상태로 돌입한다. 장개석은 상해로 병력을 동원하면서 일본을 향하여 항전선언을 하였고 동시에 절교를 선언하였다. 드디어 8월 13일 양군은 운명적인 결전을 치르게 된다. 하지만 장개석의 군대는 1894년 청일전쟁 때와 마찬가지로 무기력하게 패퇴한다.

상해의 국민당 군이 패퇴하자 그 소속 군인 800여 명 사병은 죽음을 무릅쓰고 상해 갑북사행창고(閘北四行倉庫)를 사수하였다. 이 사건은 이후 많은 인민들의 칭송을 받아 역사에서 '8백장사(八百壯士)'라 칭하였다.

상해가 점령당하고 곧이어 바로 남경이 위협을 받게 되자 평화와 타협의 분위기가 또 고개를 들기 시작하였다. 이때 독일 대사는 일본의 촉탁(囑託)을 받고 양국 간의 문제를 조정하면서 몇 가지 조건을 제시하였다.

첫째, 중국은 만주와 내몽고의 독립을 승인한다. 둘째, 화북지역에 병사를 주둔시키지 않는다. 셋째, 중일 간은 경제협력을 한다. 넷째, 중일 간 합작하여 공산당을 방어한다. 이와 같은 현저한 망국의 조건은 본래 장개석과 왕정위 그리고 백숭희 등에 의해 받아들이기로 하였으나 전국의 백성과 그리고 국민당 내의 애국인사들의 강한 반대에 부딪히게 되었다.

12월, 남경이 위기에 처하였으나 국민당의 15민 대군은 안전히 성안에 병력을 집중한 채로 출격하지 않았으며 말로만 끝까지 저항한다고 하면서 뒤로는 퇴각을 명하였다. 지휘부의 우왕좌왕하는 무능한 조처로 보아 병사들이 패하는 것은 산이 무너지는 것과 같았으며 질서는 크게 혼란을 가져왔다. 더욱 비참한 것은 군인뿐만 아니라 백성과 노인 그리고 아이들이 물에 빠져죽고 밟혀 죽는 그 수가 헤아릴 수 없을 정도로 많았다는 사실이다.

중일전쟁이 시작된 지 불과 몇 달 만에 남경은 바로 일본의 수중으로 들어갔다. 이때부터 2개월간 남경은 지옥으로 변한다.

일본은 소위 삼광(三光)정책(一光은 다 태우고, 二光은 다 뺏고, 三光은 다 죽인다)에 의해 점령한 남경을 쑥대밭으로 만든다. 남경은 일본군인들의 전쟁연습 훈련장이 되어 있었다. 아무런 이유도 없이 수많은 사람이 살상되었다. 전 세계를 경악시킨 이 도살사건에 의해 40여 만 중국인이 사망하였는데 이 중 23만 명은 민간인이었다고 한다.

종군기자 등은 "인간의 탈을 쓰고는 할 수 없는 잔혹한 짓이었다."고 증언하였고, 생존자 등은 "총탄을 아끼기 위하여 우리를 20명씩 묶어 기관총으로 갈겼다." "일본군은 스님에게 여자를 강간하라."고 하였다. "스님이 염불만 하자 스님의 성기를 칼로 잘랐다." 또 "시아버지에게 며느리를 강간하라."고까지 하였다. 일본군은 상상을 초월하는 잔악무도한 일들을 아무런 거리낌 없이 자행하였던 것이다.

당시 중국의 저명한 작가 임어당(林語堂)은 "신이 인간을 창조한 이래로 오늘에 이르기까지 아마 처음으로 병사들이 웃는 얼굴로 어린 아이를 공중으로 던졌다가 떨어지는 아이를 총검의 끝으로 받아내고는 그것을 스포츠라 부르는 모습을 보았을 것이다."라고 하였다. 그 당시 일본군의 이성을 잃은 잔악하고 야만적인 행위를 말해주고 있다.

남경대도살이 있기 직전 1937년 10월 29일 장개석은 송호(淞滬) 회전에서 형세가 불리함을 보고 수도 남경이 매우 위급하다는 판단을 한다. 이에 국방 최고회의에서 『국부천유여항전전도(國府遷渝與抗戰

前途: 국민정부 수도를 중경으로 옮김과 대일 항쟁의 전망)』라는 강연을 하게 된다. 그 다음 날인 30일에 국민정부는 중경으로 천도를 결정한다. 11월 20일 정식으로 천도를 선언한다.

중경으로의 천도로 국민당은 기존의 탄탄한 기반을 잃어버렸으며 또한 처량한 피란민 신세로 전락한다. 게다가 이로 인한 손실이 너무 커서 차후 정치·경제적인 면에서 보상할 수 없을 정도의 결과를 가져왔다.

지식인과 정부의 행정관리 등 많은 사람들은 모두 정부를 따라 중경으로 옮겨야 했다. 그리고 기독교 계통의 대학들은 일본군의 점령에도 불구하고 계속 운영되었지만 순수 중국대학과 그 대학의 교수들과 학생들은 중국 서남쪽의 일본군이 없는 지역으로 옮기지 않을 수 없게 되었다.

곤명(昆明)에는 청화대학(淸華大學), 북경대학(北京大學)과 남개대학(南開大學)이 연합해서 국립서남연합대학(國立西南聯合大學)이 세워졌다. 그 후 1941년에 성도(成都)에는 연경대학(燕京大學)과 몇몇 기독교 대학들이 연합해서 화서협력대학(華西協力大學)을 세웠다.[38]

장개석 정권은 남경에서와 마찬가지로 중경에서도 무척 보수적이었다. 농민들은 징집을 당하고 세금을 내야 했으며 그렇지 않으면 내버려졌다. 특히 식자교육이 권장되지도 않았으며, 공중보건 사업이 많은 촌락에까지 보급된 것도 아니었다. 낡은 중국의 지배층들은 여전히 촌락의 대중과는 아주 다르게 살아가고 있었다. 국민당은 중국과는 달리 농촌에 근거를 두고 사는 법을 배우지 못했고 화폐를 계속

---

38) 존 킹 페어뱅크, 『신중국사』, 중국사연구회 번역, 까치, 1997, 409-10.

찍은 결과 인플레이션이 계속되었다. 인플레이션은 처음에는 곡물가격을 올림으로써 농업 생산자들을 도와주었지만 이것은 곧바로 무거운 과세에 의해서 상쇄되어 버렸다. 국민당이 징수한 수백 가지나 되는 세세한 세금이나 수수료의 증설은 악명을 떨쳤다.[39]

2. 제2차 국공합작

〈그림 14〉 모택동의 친필

---

39) 존 킹 페어뱅크, 『신중국사』, 중국사연구회 번역, 까치, 1997, 411.

〈그림 15〉 1938년 초, 모택동(중), 주은래(우측), 임필시가
연안 봉황산 녹요동에서 기념 촬영함.

1937년 7·7사변이 일어난 지 불과 4일 만인 7월 11일에 일본내 각은 긴급회의를 소집하여 중국 침략전쟁을 확대할 것을 결정하였다. 이어서 일본은 10여 만 육군병력을 파견하여 중국을 침략하였다.

일본의 지원군이 북경과 천진으로 대거 진격하도록 명령함에 따라 7월 말에 북경과 천진은 연이어서 함락되었다. 파죽지세로 중국 내지로 진격한 일본은 빠르게 국민정부의 항복을 받아내기 위하여 8월 13일 또다시 상해로 진격하면서 남경을 위협하였다. 역사에서는 이를 '송호회전(淞滬會戰, 8·13사변)'이라고 부른다. 그 이튿날인 8월 14일 국민정부는 자위를 선언하면서 대일 항전을 발표했다.

'8·13사변' 후, 국가의 명운이 풍전등화와 같은 상황에서 국공 양당의 국공합작은 활발하게 논의되고 협의되었다. 서북의 중국공농홍군주력은 국민혁명 제8로군으로 개편되었고, 주덕 팽덕회는 정부총지휘로 삼았으며, 또 남방 8개 성의 홍군유격대는 국민혁명군 육군신편 제4군으로 개편되었으며 섭정(葉挺)과 항영(項英)을 정·부군장으로 임명했다. 9월 국민당은 중공중앙이 제출한 국공합작선언을 공포하므로 국공 양당은 다시 합작하게 되어 항일민족통일전선이 정식으로 수립되었다.

일본 군부는 북경과 천진을 점령한 후에 화북과 화동 두 방향으로 진공하면서 신속하게 속전속결해서 단지 3개월 내에 중국을 멸망시킬 것을 계획하였다. 국민정부는 이에 정면으로 맞서는 전략을 세움에 따라 이러한 중일양국 간의 전략전술은 필연적으로 양군의 대규모 충돌로 이어졌다. 1937년 8월 14일 새벽, 장개석은 양주에 주둔하고 있는 공군이 일본군함을 공습할 것을 명령하였다. 그 결과 일본 20만 대군이 진군하였고, 결국 이 전쟁은 3개월 동안 격전을 벌이다가 11월에 중국군대는 완패당하고 말았다. 이것이 유명한 송호회전(淞滬會戰)이다.

송호회전은 1937년 8월 13일 일군이 황포강의 입구 오송(吳淞)에서 상륙작전을 펴고 상해에서 격렬하게 침략전쟁을 벌였던 전투를 말하며, 또 '8·13 송호전역'이라고도 부른다. 이 전쟁은 중국항일전쟁의 첫 번째 전투였으며, 또 항일전쟁 중의 규모가 가장 크고, 가장 처참한 전쟁이기도 하였다. 무려 3개월 동안 지속되었으며 일군은 9개 사단과 2개 여단, 총 30여 만 병사를 투입하였으며 일본 측은 사상 4만여 명이라고 집계하고 있다. 중국군대는 75개 사단과 9개 여단, 약 75만여 명이 투입되었고, 사상자 30만 명으로 집계되었다.

1937년 11월 12일 상해가 함락되자 송호회전은 비로소 결속되었다. 비록 3개월 동안 계속되었던 비참한 전쟁이었고 게다가 중국이 실패하였으나 일본이 "3개월 안에 중국을 멸망시킬 것이다."라고 허세를 부리고 호언장담하면서 세운 허망한 망상을 쳐부순 데 큰 의의가 있고, 또 상해로부터 대량의 공장기기 및 전쟁 물자를 다른 도시로 옮길 수 있는 시간을 벌었다는 데 큰 의의가 있다고 하겠다.

이 송호회전 작전 중 화북에 있던 일군은 산서에 침입하여 태원(太原)을 점령하였으며, 12월에는 남경을 함락시켰다. 일군은 남경에서 대학살을 자행하였는데 그 수는 30만에 달하였고, 그 참혹한 광경은 상상 이상이었다. 이성을 잃은 일본군은 부녀자, 아이, 노인 등을 가리지 않고 무차별적인 도살을 자행하였다. 그들은 아이를 총검으로 찌르면서 스포츠라고 불렀고, 스님에게 강간하도록 강요하였으며, 자식에게 어머니를 겁탈할 것을 명령하는 등 인간의 탈을 쓰고 도저히 할 수 없는 못된 짓을 다 하였다. 중국의 앞날이 살얼음을 밟는 듯 위기에 직면하게 되었다. 국민정부는 고육지책으로 중경(重慶)으로 수도를 옮겨, 중경은 전시의 배도(陪都)가 되었다.

국민당은 본래 일본군을 막을 능력이 없었다. 이 시기에도 생각해 낸다는 방법이 정주 이동의 황하제방을 무너뜨려 일군의 전진을 막으려 했다. 누가 알았으랴! 그 결과 예상대로 일본군이 수몰된 것이 아니라 수백만 중국인의 생명과 재산이 수몰되었던 것이다.

국민당의 원치 않는 응전(應戰)은 그 목적이 전쟁을 통한 국제 열강의 조정을 원했던 것이다. 그러나 일본의 요구가 지나치게 높고 그리고 다른 제국주의 국가들이 일본의 중국 독섬을 원치 않았으므로 조정은 성사되지 않았다.

국민당 내에는 본래 항전문제에 대해 두 가지 견해가 있었다. 첫째는 소위 '망국론'으로 일본의 무기와 기술이 중국보다 우수하여 싸워

봤자 패할 것은 당연하니 그 결과는 '망국'이라는 견해이다. 이 일파 안에는 또 두 가지의 견해가 있었는데 한 가지는 전투를 해도 망하고 안 해도 망한다는 견해와 안 하고 망하느니 차라리 전쟁을 하고 망하는 것이 낫다는 견해이다.

둘째는 "전쟁 하면 반드시 망할 것이고, 전쟁을 하지 않으면 혹시 운이 따를 수도 있다."는 견해이다. 이처럼 항일에 대한 견해는 두 종류가 있었으나 이를 종합해보면, 즉 전쟁할 수 없다는 비관적인 견해뿐이다. 왕정위와 하응흠은 모두 이 일파에 속하며 친일의 경향이 농후했다. 그리고 장개석의 주요 경향 역시 이와 비슷했다.

이와는 별도로 또 다른 종류의 견해가 있었는데 그것은 바로 '**속승론(速勝論)**'이었다. 이는 친영미파의 주장으로 영미의 힘을 빌려 속전할 수 있다고 믿는 사람들의 주장이다. 일본의 주력군은 소련을 침공하는 데 전력을 다하고 있다. 그러므로 중국 침략전쟁은 3개월에서 6개월 정도 지속할 수 있는데 6개월 정도에는 전쟁을 끝낼 수 없으므로 일본은 병력을 철수할 것이라는 견해이다. 이러한 견해는 황포계의 문무관원이 주장한 의견들이다. 그러나 일본군은 10개월을 진공하고도 부족하여 여전히 진공을 계속하였으니 이로써 '**速勝論**'은 파산하게 된다.

모택동은 중일전쟁의 성질과 쌍방의 기본 특성에 대해서 구체적으로 분석하여 항일전의 전략에 있어 '**지구론**'을 주창하였다.

적은 강하고, 나는 약하니 중국은 신속하게 일본을 이길 수 없다. 그러나 일본은 나라가 작고, 땅은 좁고, 물산도 적고, 사람도 적고, 병사 수도 적기 때문에 장기 전쟁을 견디기 어려울 것이다. 일본이 발동한 전쟁은 제국주의 침략전쟁으로 국제적으로 도리에 어긋나니 도와줄 사람이 적을 것이다. 이와 반면에 중국은 대국이다. 땅도 넓고, 물산도 많고, 사람도 많고, 병사도 많다. 그래서 장기 전쟁을 지탱할 수 있을 것이다. 게다가 중국의 이 전쟁은 반침략전쟁이고 진보적이고 정의로운 전쟁이기 때문에 국제적으로 도리에 맞고 또 도와줄 사람들이 많을 것이다. 따라서 중국은 속전해서 승리를 할 수도 없고, 또 나라가 망할 수도 없다. 항일전쟁은 자구전이고 최후의 승리는 중국의 것이라고 지적하였다.

1938년 3월 산동성 태아장(台兒莊) 전투에서 일본군은 경솔하게 진군하다가 국민당 군대에게 패배를 당한다. 그러나 국민당은 이 일로 머리가 혼미해져 "반공(反共)은 이미 시작되었다."라는 구호 아래 수십 개의 사단병력을 집중하여 서주(徐州)에서 일본군과 결전을 벌이게 된다. 결과적으로 후방이 일군에 의해 차단되어 5월 19일 서주에 주둔하고 있던 국민당 군대는 일본군 육군과 공군의 공격을 받아 큰 타격을 입고 후퇴를 단행하였다.

서주에서 크게 패퇴한 이후에 국민당 내부는 크게 동요한다. 이에 7월에 왕정위가 공개적으로 평화적 해결을 원한다는 담화를 발표한다. 그러나 전국 여론의 맹렬한 공격하에 이 제안은 실현되지 않고 부득이하게 참정회(參政會)를 열어 정치범을 석방하는 동시에 항전건국강령을 통과시킨다.

그러나 왕정위는 또 공개적으로 10여 개 항전단체를 폐쇄시키고 "하나의 당(黨), 하나의 주의(主義), 한 명의 영수(領袖)"라는 파시스트의 주장을 한다. 이후 무한과 광주 역시 모두 함락된다.

7·7 노구교사변으로부터 무한의 함락에 이르기까지 국민당은 "패한 후에 강화(講和)한다."는 일관된 방침하에 자신들의 실력을 보존하

기 위하여 항일운동에 대하여 비교적 소극적인 정책을 취하였다.

국민당은 일본의 침략에 맞서 싸워 국가를 지켜내는 항전보다는 내심 공산당을 소멸함으로써 대륙에 대한 주도권을 공산당으로부터 지키는 것을 최우선 과제로 삼는 듯하였다. 이로써 평진(平津), 상해, 태원, 무한, 광주는 모두 함락되었다. 중국 연해의 광대한 토지는 일본에게 점령되어 백성들은 도탄에 빠지는 이중고에 처하게 되었다.

1938년 가을 일군은 광주, 무한을 점령한 후, 전선이 너무 길고, 병력·재력·물질 면에서 부족한 데다가 또 후방에 심한 위협을 받아 사실상 대규모의 정면전쟁을 정지한 상태였다. 중국 입장에서는 정면전쟁에서 계속적으로 패배를 하고 후퇴한 상태이며 또한 항일 기량이 아직 부족하여 장기전을 돌입해야 할 것 같은 상태에 있었다.

따라서 일본은 원래 세운 속전속결의 방침을 바꾸지 않으면 안 되었다. 이에 일본은 주요 병력으로 공산당이 인솔하는 항일근거지를 치고, 한편으로는 국민정부에 대해서 정치적으로 투항을 유인하고 군사적인 공격은 부차적으로 하는 정책으로 침략노선을 바꾸었다.

1938년 11월, 일본 수상 근위(近衛)는 전쟁의 목적은 "동아세아의 새로운 질서를 수립"하는 데 있다는 성명을 발표하였다. 이어서 12월에는 "선린우호(善隣友好)", "공동방공(共同防共)", "경제제휴(經濟提携)"라는 세 가지 원칙을 제기하였다.

얼마 후에 일본신임 수상 평소(平沼)도 "장개석 장군과 그가 영도하는 정부가 만약 반일적인 태도에 대해서 다시 고려하고 일본과 협조해서 동아세아의 새 질서를 수립할 수 있다면 일본은 그와 적대행위를 중지할 담판을 할 것이라고 했다,

영미는 일본이 소련을 공격하도록 촉진하기 위해서 힘써 일본과

협상하는 한편 적극적으로 국민정부가 투항하도록 권유하였다. 영국 주중대사는 중경에 있는 장개석과 여러 차례 밀담을 했고 미국 주일 대사도 '동아신질서' 수립을 지지하고 나섰다.

이런 상황에서 1938년 국민당 부총재 왕정위 등 친일파는 공개적으로 투항을 하였다. 1940년 봄 왕정위(汪精衛)는 남경에서 일본제국에게 충성을 하는 위국민정부(僞國民政府)를 세웠다. 왕정위의 위정권(僞政權)은 대략의 국가와 민족의 이익을 매도할 뿐만 아니라 위군을 조직하여 인민항일무장세력을 진공하였다.

1938년 12월, 왕정위는 주도면밀한 계책하에 살며시 중경을 빠져나가 곤명(昆明)에 도착해서 월남 하내(河內)로 도망갔다. 29일 왕정위는 공개적으로 전보를 보내 일본정부의 항복권유에 호응했다. 그 이듬해 왕정위는 일본에 건너가 매국교역을 했고, 그는 상해로 와서 위국민당 제6차 대표대회를 개최하면서 '화평반공건국'이라는 강령을 선언하였으며 일본의 지휘하에 북경과 남경 괴뢰정권을 하나로 합체하여 남경에 위국민정부를 세웠고, 스스로를 대리주석 겸 행정원 원장으로 임명하였다. 왕정위가 배반한 후에 연안에 있는 군민들은 왕정위 성토대회를 소집하였고, 장개석도 왕정위를 국민당 당적에서 제명하였다.

일본은 식민기구를 통해서 직접 통제한다든가 또는 군 관리 방식으로, 또는 위탁경영 등의 방식으로 함락지역의 공업·광업 물자 등을 대량으로 약탈하였다. 그리고 일본은 '중일합작'이라는 이름으로 광업·강철·산업·교통운수 등 산업을 일본회사가 직접 운영하였다. 이런 방식으로 일본은 함락지역을 공업원료의 기지로 삼아 침략전쟁에 수요를 만족시킬 뿐 아니라 그 사이에서 또 거액의 이윤을 남기고 있었다.

예를 들면, 왕정위 위정권의 소재지이다. 이곳에는 아편관이 빽빽하게 늘어서 있으며 일군 아편 판매집단은 이 지역에서 아편 교역활동으로 매월 300만 원에 달하는 폭리를 취하였다고 한다. 이 같은 매국적 아편교역으로 국민들의 생명과 건강은 크게 위협받았다. 1938년 헤로인 흡연자는 이미 5만 명에 달했고 아편과 다른 독성물질을 흡입하는 사람은 더 많았다고 한다. 이에 1943년 남경대학생들은 분연히 가두시위에 나서 아편관을 부수고 아편 흡입자를 쫓아내는 등 대규모의 '소독(消毒, 독을 제거한다)' 운동을 펼쳤다.

1939년 1월 21일에서 30일까지 국민당은 5회 5중전회를 중경에서 개최하였다. 중심의제는 계속 항일과 당무와 국공관계를 정리하는 것이다. 회의에서는 장개석의 연설에 따라 '당무정돈'이 통과되었는데 여기서 '용공, 방공, 한공, 반공(容共, 防共, 限共, 反共)'의 방침을 세웠다. 이때 국민당의 내외정책은 항일에 소극적이고, 반공에 적극적인 것으로 전향하였다.

1939년 12월에서 1940년 3월까지 국민당은 대대적으로 섬감영[陝(섬서성), 甘(감숙성), 寧(영하성)], 산서(山西), 기로예[冀(하북성), 魯(산동성), 豫(하남성)] 등 해방지역에 무장해서 팔로군(八路軍: 공산당 군대)40)과 신사군41)을 공격하였다.

---

40) 정식명칭은 '국민혁명군 제8로군'이며, 1927년 남창기의 때는 홍군(紅軍)으로 불렸으며 제2차 국공합작(國共合作) 후에 국민혁명군 제8로군으로 개칭하고 신사군(新四軍)과 함께 항일전의 최전선을 담당한 부대이다. 1947년에 인민해방군으로 다시 명칭을 바꾸었다. 1937년 8월 22일 국민정부 군사위원회는 '국민혁명군 제8로군'으로 개편했다. 총지휘에 주덕, 부총지휘에 팽덕회를 임명하는 한편, 총 3개사(師)에 병력수를 2만 명으로 제한할 것을 명령했다. 당시 8로군 산하에는 임표의 제115사, 하용(賀龍)의 제110사, 류백승(劉伯承)의 제129사가 있었고, 팔로군에 대한 지휘권은 여전히 중국공산당이 가지고 있었다.

41) 형식적으로는 중국 국민정부 편제에 속해 있었으나, 조직은 중국공산당의 주력군이었다. 1938년 국민정부의 지시에 따라 호남, 강서, 복건, 광동, 절강, 호북, 하남, 휘휘등 8개 성의 홍군(紅軍) 유격대를 규합

1940년 가을 장개석은 황하 이남에 주둔한 팔로군과 신사군에게 1개월 내에 황하 이북으로 철수할 것을 명령한다. 1941년 초 신사군 9,000여 명은 장개석의 명령과 중공중앙의 지시에 따라 안휘(安徽), 경현(徑縣), 운령(雲嶺)에서 출발해서 북상하다가 무림(茂林)에서 국민당의 포위 습격을 받아 신사군은 7일 주야를 싸우다 소수를 제외하고 모두 희생했다. 환남사변(皖南事變)의 발생이었다. 이때 군장 섭정(葉挺)은 잡히고, 부군장 항영(項英)은 죽임을 당했다. 장개석은 신사군이 배반하였다고 선언하고 신사군 군번을 취소하도록 하였다.

환남사변(皖南事變) 발생 후에 중국공산당은 반격할 방침을 채택하였다. 중공중앙혁명군사위원회는 다시 새로이 신사군을 세우라는 명령을 선언하고 진의(陳毅)가 대리군장으로 임명되고 유소기가 정치위원으로 임명되었다.

환남사변 후 주은래는 즉시 국민당 당국에 항의를 제기하였으며 1월 18일에는 중경「신화일보」에 '위강남국난자지애(爲江南國難者志哀: 강남의 국난 자를 위해 슬픔을 기록함)'와 "천고기원, 강남일엽, 동실조과, 상간하급?!(千古奇寃, 江南一葉, 同室操戈, 相煎何急?!: 죽은 자의 기이한 원한, 강남의 한 세대, 같은 편끼리 싸우니 서로 싸움이 어찌 이리 심한고?!)"이라는 글을 발표하면서 같은 국민끼리의 싸움을 안타까워하였다.

하여 '신편 제4군(新編第四軍)'이라는 부대명(약칭 신사군)으로 남창에서 편성했다. 모두 1만여 명으로 구성되었으며, 군상(軍長)에는 섭언(葉挺), 부고장에 항영(項英)을 임명했다 이후 신사군은 4개 지대(支隊)로 편성되어 주로 양자강 남부에서 유격전을 벌이는 등 항일투쟁을 전개했다. 1940년에 병력이 10만에 이르면서 공산당 세력이 급속히 팽창하자, 국민정부는 신사군에게 황하이북 지역으로 이동하여 항일투쟁에 임할 것을 명령했다. 그러나 신사군 강남 부대 1만여 명은 명령에 불복하고 1941년 초 환남(皖南)에서 상해, 항주의 국민정부군 지역으로 진입할 태세를 갖추었다. 이에 국민정부군은 7만 병력을 동원하여 항명(抗命)반란을 일으킨 이들 신사군을 공격하여, 섭정을 포로로 잡고 항영을 사살한 후 신사군의 해체를 명령했다. 그러나 중공의 모택동은 이 명령을 무시하고 진의(陳毅)를 신사군 군장으로, 유소기(劉少奇)를 정치위원으로 임명하여 신사군을 개편하고 잔류부대를 계속 지휘·활동하게 했다.

여기서 언급한 '상전하급(相煎何急)'은 왕위계승문제로 형에게 죽임을 당한 조식의 칠보지시(七步之詩) 중의 한 구절이다. 위의 무제(武帝) 조조(曹操)에게는 두 아들이 있었는데 큰아들은 문제(文帝) 조비(曹丕)이며, 둘째 아들은 조비의 아우 조식(曹植)인데, 역사에서는 이들 세 사람을 삼조(三曹)라 하며, '문학사상의 주공(周公)·공자(孔子)'라 칭송할 정도로 건안문학(建安文學)의 중심적 존재다.

그런데 조식은 맏형 조비와 태자 계승문제로 암투하다가 29세 때 아버지가 죽자 결국에는 형에게 위의 초대 황제자리를 내주게 되었다. 황제가 된 형은 조식의 재주와 인품을 싫어한 나머지 거의 해마다 새 봉지에 옮겨 살도록 강요하는 등 동생을 괴롭혔다. 이 같은 엄격한 감시하에 동생은 신변의 위험을 느끼며 불우한 나날을 보내다가, 어느 날 연회석상에서 형 문제가 일곱 걸음을 걷는 사이에 시 한 수를 짓지 못하면 대법(大法)으로 다스리겠다(사형)고 하자, 그 말이 끝나기가 무섭게 "콩을 삶기 위하여 콩대를 태우나니, 콩이 가마 속에서 소리 없이 우노라. 본디 한 뿌리에서 같이 태어났거늘 서로 괴롭히기가 어찌 이리 심한고!(煮豆燃豆萁, 豆在釜中泣, 本是同根生, 相煎何太急!)"라고 읊어, 형을 민망하게 만들었다. 자기를 콩에, 형을 콩대에 비유하여 골육상쟁을 상징적으로 노래한 이 시가 바로 ≪칠보지시(七步之詩)≫이다. 끝내 조식은 마지막 봉지인 진(陳)에서 죽었다.

1939년 10월에서 1940년 1월 모택동은 『<공산당인> 발간사』, 『중국혁명과 중국공산당』, 『신민주주의론』 등의 중요 저작을 발간하였다. 그 내용은 대략 다음과 같다. ① 모택동은 과학적으로 중국의 국정을 분석하면서 중국혁명은 반드시 두 절차로 나누어진다고 지적하였다. 그 첫 번째 절차는 민주주의혁명이고, 두 번째 절차는 사회주의

혁명이다. 소위 민주주의는 이미 구민주주의가 아닌 신민주주의이다. 여기에서 신민주주의라 함은 바로 무산계급의 지도하에 인민 대중의 반제 반봉건적인 혁명이다. 신·구 민주주의혁명을 구분하는 주요 표지는 바로 무산계급의 영도권이다. ② 모택동은 민주주의혁명과 사회주의혁명은 두 개의 성격이 다른 혁명과정으로 앞 과정이 완성되어야만 뒤의 혁명과정을 완성할 수 있다고 지적하고 있다. 민주주의혁명은 사회주의혁명의 필요한 준비과정이고, 사회주의혁명은 민주주의혁명의 필연적인 추세에 순응하는 것이다. ③ 모택동은 신민주주의혁명 이론에 의거해서 자본주의를 구분할 뿐만 아니라 신민주주의를 구분하는 기본 강령을 제시하였다. 신민주주의의 정치 강령은 무산계급 지도하에 모든 반제·반봉건 인민들이 연합을 전제로 하는 민주공화국으로 바로 신민주주의 공화국이다. 신민주주의의 경제 강령은 모든 큰 은행, 큰 공업, 큰 상업이 이 공화국 국가의 소유가 되도록 하되 결코 기타 자본주의의 사유재산을 몰수하지 않으며 국민생계를 조종할 수 없는 자본주의 생산발전은 결코 금지하지도 않고 조종하지도 않는다. 모종 필요한 방법을 채택해서 지주의 토지를 몰수해서 땅이 없거나 토지를 조금 갖고 있는 농민에게 분배한다. 신민주주의의 문화 강령은 제국주의, 봉건주의 문화사상의 노예, 인민 대중의 반제·반봉건 문화노예에서 탈피한다. 즉 민족의 과학적인 대중문화이다.[42]

국민당 군대는 1940년에는 조의(棗宜, 호북성 조양과 의창 지역을 가리킴)전쟁에서 대패하였다. 이 전쟁에서 세33집단군 총시령 장자충의 인솔군이 9일 밤낮을 싸운 결과 장자충은 장렬히 전사하였고 의창

---

42) 이세평, 『중국현대사강』, 중앙광파전시대학출판사, 1993, 335쪽.

지역은 점령되었다. 이후 일본군은 1941년 12월 진주만 사건을 일으키고 태평양전쟁을 발동한다. 이에 일본군은 주력부대를 태평양과 동남아 지역으로 이동하기 위하여 하루라도 빨리 중일전쟁을 결속하기를 원하였으므로 대중국전에 총력을 기울였다. 따라서 대일전에서 절대적인 열세에 있었던 국민당군대는 국공합작을 포기할 수는 없는 형편이었다. 이에 장개석은 환남사변 이후 공산당 토벌의 군사행동을 하지 않을 것을 보증하기도 하였다.

1942년 중국공산당은 정풍운동(整風運動: 기풍을 바로잡는 운동)을 전개하였는데 이 정풍운동을 통해서 마르크스사상을 교육하였다. 그 내용은 주관주의를 반대하고, 종파주의를 반대하며, 당팔고(黨八股)를 반대한다는 것이다.

정풍운동의 방침은 '징전비후(懲前毖後: 지난날의 과오를 후일의 경계로 삼는다는 뜻), 치병구인(治病救人: 병을 치료하여 사람을 구한다는 뜻이나 여기에서는 사람의 잘못을 지적하여 시정하게 한다는 뜻)"이고, 이 정풍운동은 항일전쟁 최후의 승리와 신민주주의혁명이 전국적으로 승리하는 데 사상적 기초를 마련하였다.

1944년 초, 일본은 태평양전쟁에서 점차적으로 불리해졌고 일본과 남양의 해상교통노선은 미군에 의해서 끊어져 중국대륙교통노선을 뚫어야 하는 것은 필수가 되어 버렸다. 같은 해 일본은 예상계(豫湘桂)전쟁을 일으켰다.

예상계전쟁은 항일전쟁 후기 일군이 국민당을 향해 정면으로 전쟁을 발동한 규모가 가장 큰 전쟁이었는데, 이 전쟁은 8개월 동안 진행되었으며, 국민당은 이번 전쟁에서 5, 60만 병사를 잃었고, 예(豫: 하남성), 상(湘: 호남성), 계(桂: 광서성), 민(閩: 복건성), 월(粤: 광동성)

등 성의 대부분과 귀주성의 일부를 포기하였다. 결국 일군은 자신들이 원하는 대로 월한철로(粤漢鐵路)를 개통시켰다.

3. 일본의 경제약탈

1) 일본의 중국침략정책 변화

일본 군대가 광주와 무한을 점령한 후에 전쟁국면이 확대되고 전선이 연장되면서 병력은 더욱 분산되고 물자의 소모량도 너무 많아 더 이상 대규모의 진군을 할 수 없는 상황에 이르렀고 점령한 지역에 있어서도 대중도시 또는 주요 교통 간선요지만 통제가 가능해졌다. 게다가 국제정세가 급변함에 따라 일본은 또 소련과 전쟁을 준비해야 했고 동시에 또 영미와 태평양을 쟁탈해야 했기 때문에 중국 전쟁터에 사용할 수 있는 병력, 인력, 재력, 물력은 이미 한계에 다다랐다.

이에 일본은 대중국전에 있어 전략 방침을 바꾸지 않을 수 없게 되었다. 일본은 주요 병력으로 공산당이 이끄는 적후항일무장을 공격하면서 동시에 점령지역에서 치안질서에 주력하였으며 국민당에 대해서는 정치적으로 투항하게 할 방침을 정하였다.43)

12월 22일에 일본은 중일 양국의 '선린우호', '공동반공', '경제제휴'를 고취하면서 중국정부에게 위반주국의 승인을 요구하는 한편 '방공협정(防共協定)'을 체결해서 일본이 내몽고에서 병사 주둔 및 화

---

43) 이세평, 『중국현대사강』, 중앙광파전시대학출판사, 1993, 325쪽.

북과 내몽고에서의 자원 개발권을 부여한다면 일본은 군비 배상을 요구하지 않을 것이며, 영사재판권을 철폐할 수 있고 또 조계(租界)를 반환할 것이라는 성명을 하였다.

위와 같은 일본 근위(近衛) 제안에 왕정위(汪精衛)는 적극적으로 호응하였다. 이렇게 되자 일본은 자신의 의견을 따르는 왕정위를 키워서 대중국침략에 이용하기로 하고 더불어 부왕배장(扶汪排蔣: 왕정위를 부각시키는 반면 장개석을 배척함) 정책을 펴게 되었다. 동시에 일본은 영국·미국·프랑스 등을 이용해서 중국정부를 압박해서 투항을 받아내려고 시도하였다.

2) 영미 등의 중국에 대한 입장 변화

영미 등 열강들의 이익에 따라 동아시아의 정세는 수시로 바뀌게 되었다. 1938년 말부터 영미 등은 여러 번 태평양국제회의를 개최하여 중국을 희생시키고 일본과 타협해서 일본의 화살이 소련으로 향하게 하려고 하였다. 1939년 4월 영국 주화대사 칼은 힘써 장개석에게 일본과 협의할 것을 종용한 적이 있고, 7월 24일에는 영일 양국이 협정을 맺었는데 영국은 일본이 중국에서 만드는 '실제정국'과 일본군이 점령한 지역의 치안 유지를 위해 하는 모든 것에 방해되는 행위에 있어서 일절 관여하지 않을 것이라고 했다.

프랑스는 일본의 월남비행장 사용을 허락하면서 오히려 중국이 전월철로(滇越鐵路) 사용을 금지하였다. 1939년에 미국 주일대사 거루는 일본에게 만약 일본이 미국의 중국에 있어서의 기득권을 배척하지 않는다면 동아시아에서 이루어진 새로운 질서에 대해 실현되기를 희망한다고 표명하였다. 줄곧 중립을 지켜오던 미국의 중요한 정책변화였다.

1941년 봄, 미국 신부 월슬드라우트는 일본 합작은행 총재 이가 다다오(井川忠雄), 육군성 군무과장 이와구라 히데오(岩畔豪雄)와 '일미양해방안(日美諒解方案)'을 체결하고 미국은 "만주국을 승인"하고, "장개석 정권과 왕정위 정권이 하나로 합치고 아울러서 일본정권과 담판할 것"을 촉구하였다. 그렇지 않을 경우 미국이 중국에 대한 원조를 중지할 것이라고 했다. 이러한 상황들로 해서 장개석 정부는 매우 당황하지 않을 수 없었다.44)

3) 일본의 식민정책

중국에 대한 침략을 확대하기 위해 일본은 중국 북쪽에는 만주국을 수립한 것에 이어 남쪽에는 왕정위 정권인 남경국민정부를 수립하였다. 일본의 지지하에 1939년 5월 31일 왕정위 등 11인은 도쿄에 도착하여 직접 매국교역을 하기에 이른다. 왕정위를 지지하고 감시하기 위해서 일본은 8월 22일 상해에 특무기구 '매기관(梅機關)'을 세웠다. 1940년 3월 30일 왕정위의 남경국민정부가 정식으로 성립되었다. 왕정위는 대리국민정부주석 겸 행정원장이 되었다.

정치적으로 일본은 괴뢰정권을 이용해서 중공 항일무장을 공격하고, 정면으로는 국민당 항일군대를 공격하였다. 또 민족융흡, 적회사상숙청, 왕도정치 추진, 정부를 보조해서 건국하고, 동아시아평화를

---

44) 이세평, 『중국현대사강』, 중앙광파전시대학출판사, 1993, 327쪽.

유지하며, 우방과의 동맹체결을 촉진한다는 등의 구호 아래 일본이 식민통치를 하는 데 중요 역할을 담당하게 하였다.

교육적으로 일본은 식민교육체제를 건립하고, 학교를 재조직하고, 교원을 갈아치우는가 하면 교재를 개정하고, 역사를 왜곡하고, 학생들에게 강제로 일어학습을 강요하였다. 그리고 또 청소년에게 순민사상(順民思想)을 주입시켰다.

경제적으로 일본은 자국의 자원과 인력 부족을 채우기 위해 "장기적인 자급제", "전쟁으로 전쟁을 기른다."는 목표를 설정하였으며 이의 달성을 위하여 그의 함락지역에서 경제통제정책을 실시하여 '적지적산'의 방침을 관철했다.45)

금융적인 측면에 있어서 이미 만주국에 설치한 '중앙은행' 외에 화북과 화중에 '몽강은행(蒙疆銀行)', '중국연합준비은행(中國聯合準備銀行)', '화흥상업은행(華興商業銀行)', '중앙저축은행(中央儲蓄銀行)' 등 20여 은행을 설립하였다. 이러한 은행들은 준비금이 없는 '聯銀券(연은권)', '화흥권(華興券)', '중저권(中儲券)', '군용표(軍用票)' 등의 화폐를 난발하여 대량으로 중국국민의 피와 땀을 착취하였다.46)

농업적인 측면에서는 대량으로 함락지역의 토지자원을 수탈하였다. 1932년 초 일본 탁무성(拓務省)에서는 '만주이민계획대강(滿洲移民計劃大綱)'을 계책하였다. 1936년 8월 광전(광전) 내각은 이민침략을 7대 국책 중의 하나로 열립하고 있었다. 이에 따라서 '해외탁무위원회'가 성립되어 '만주농민 백만 호 이주계획'과 '일본이민 토지사용 준비강요'가 준비되어 20년 내에 4차로 나누어 동북으로 백만 호

---

45) 이세평, 『중국현대사강』, 중앙광파전시대학출판사, 1993, 327 - 33쪽.

46) 이세평, 『중국현대사강』, 중앙광파전시대학출판사, 1993, 334 - 5쪽.

이민을 계획하였다. 이 계획은 비록 실현되지 않았지만 1937년에서 1945년까지 일본은 이미 24만 호를 동북으로 이주시켰으며 필요한 농산물과 광산물을 모두 수탈해갔다.

일본이 중국함락지역에 대한 경제적인 수탈은 심각한 상태에 이르러서 중국경제발전에 커다란 손실을 가져왔다. 이는 항일전쟁 초기에 상해에 파괴된 공장만 해도 2,270개에 달하는 것을 보면 알 수 있다. 1940년 2월에만 일본은 수단과 방법을 가리지 않고 203개의 공장을 손에 넣었다. 그리고 일본은 나아가서 경제적 폭리를 취하기 위해 동북지역 농민에게 아편재배를 종용할 뿐만 아니라 그 수확된 것을 중국 내지로 대량 판매하여 남경이 함락된 지 1년도 되지 않아 아편을 피우는 사람이 이미 5만이 넘었다고 한다.47)

4. 태평양전쟁과 일본의 무조건적인 투항

1945년 5월 소련은 베를린을 점령하고 히틀러를 압박하여 무조건 투항을 하게끔 하여 결국 1945년 5월 8일, 독일 나치가 항복하였다. 이로써 세계역사상 3대 파시스트 중 단지 일본만 남게 되어 일본은 고립상태에 놓이게 되었다. 7월, 중국·미국·영국 3국은 이 전쟁을 빨리 결속시키기 위해서 「포츠담선언」을 발표하고 일본이 투항할 것을 종용하였다. 그러나 일본성부는 이를 거질하였다.

일본 제국주의는 여전히 안간힘을 쓰면서 한편으로는 중국에서의

---

47) 이세평, 『중국현대사강』, 중앙광파전시대학출판사, 1993, 337쪽.

병력을 축소하여 전략적 요충지에 속하는 중심도시 및 교통선을 확
보하고 국민당으로 하여금 팔로군 신사군을 공격토록 하였다. 또 한
편으로는 태평양에서 병력을 집결하여 영국과 미국과 결전을 하였다.

미군은 5~6만 명의 사상자를 내면서 일본 동부의 작은 섬인 유광
도를 공략하였고 유구에서의 싸움에서는 또 10만 명의 사상자를 냈
으며 이곳에서 미국은 함정 백여 척을 잃게 되었다. 이 때문에 미국
과 영국은 소련의 참전을 요구했고, 7월 영국과 미국 그리고 소련 등
3국은 회의를 열었고, 소련은 신속히 반파시스트 전쟁에서 결과를 얻
기 위하여 대일 작전에 참전하는 것을 허락하였다. 8월 6일과 9일 미
국 공군은 드디어 일본 히로시마(廣島)와 나가사키(長崎)에 원자폭탄
두 개를 투하하였다.

이와 동시에 소련정부는 대일 선전포고를 하고 중국 동북으로 출
병하여 일본의 정예부대인 관동군을 쳐부수기 시작했다. 미국과 영국
은 태평양에 200만 군대, 1만여 대 비행기와 1천여 척의 군함을 집결
시켜, 일본 본토에 등륙할 준비를 하고 있었다.

8월 8일 새벽 3시 소련은 일본에 대해 선전포고를 하였다. 이어서
소련 홍군은 네 방향으로 나누어 바람과 같이 빠르게 위만주국으로
진군하였다. 격렬한 전투를 거쳐 일본은 파죽지세로 80만 정예부대인
관동군은 홍군에게 섬멸당했다. 일본은 8월 10일 투항을 요구할 수밖
에 없었다. 8월 15일 영국·미국·중국·소련은 정식으로 일본의 무
조건 투항을 받아들이게 되는데, 8월 15일, 일본 천황 히로히토(裕仁)
는 「정전조서」를 방송하고 무조건 항복을 선포하면서 9월 2일, 도쿄
만 미 함대 '미즈리'호 위에서 정식으로 항복서에 서명하였다.

〈그림 16〉 중경에서 담판 시절, 장개석과 모택동이 리셉션에서 기념 촬영.

이날은 기본적으로 중국의 대일 민족해방전쟁이 결속되었음을 의미하며 또한 1894년 중일갑오전쟁 이래로 50년간 중화민족을 위협했던 일본제국주의가 타도한 날이기도 하다. 9월 9일 남경에서 서명의식을 거행하였는데, 일군 최고지휘관 육군대장 오카무라(岡村寧次)가 투항서(항복서)에 서명하였다. 이로 해서 중국민중의 항일전쟁은 결국 승리로 끝났다.

한편 8년의 항전기간이 일본의 패망으로 끝나자 모택동은 연안에서 중경으로 비행기를 타고 가서 장개석과 쌍십협정(1945년 10월 10일)을 체결하였다.

10여 일 동안의 담판을 거쳐 국민당은 평화적으로 건국하는 기본

방침에 동의하였다. 10월 10일 국공 쌍방 대표는 「정부와 중공대표회담기요(政府與中共代表會談紀要)」를 체결하였다. 이것이 바로 쌍십협정이다.

협정의 내용은 다음과 같다.

- 내전을 확고히 피하고, 독립적이고 자유롭고 부강한 신 중국을 건설할 것
- 국민당은 신속하게 훈정(訓政)을 결속하고 헌정(憲政)을 실시할 것
- 정치협상회의를 개최하고 인민이 민주와 자유 권리 등을 누릴 수 있는 것을 보장할 것

그러나 인민군대와 해방구 등의 지위문제에 대해서 여전히 협의가 이루어지지 않았다.

쌍십협정의 규정에 따라 1946년 초 정치협상회의가 중경에서 개최되었다. 이때 정치민주화와 군대국가화는 핵심 논의문제였다. 하지만 양측의 충돌은 피할 수 있는 듯하였다. 6월 국민당군대는 미국의 지원하에 먼저 중원해방구를 향해서 대거 진군하므로 전면적인 내전이 시작되었다. 운명적인 장개석과 모택동의 내전이 시작되었다.

국공내전에서 소련은 중공군에게 생기를 북돋아주고 군사무기와 경제적으로 막대한 지원을 하여 모택동이 장개석을 대만으로 몰아내는 데 결정적인 역할을 하였다.

1945년 8월 6일, 미국이 히로시마에 첫 번째 원자폭탄을 투하했을 때 스탈린은 일본이 반드시 곧 항복할 것이라고 추측했으며 8월 9일, 소련 홍군은 일본 관동군을 향해 전면적인 공격을 발동하였다. 미국

은 다시 나가사키에 두 번째 원자폭탄을 투하하여 일본의 저항의지를 완전히 끊어 버렸다.

장개석은 스탈린이 이 시기에 대일선전포고를 한다는 것은 그 동기가 무척 의심스럽다고 했다. 즉 장개석은 소련의 소행이 전리품을 뺏겠다는 속셈 정도로만 여겼던 것이다. 확실히 소련은 "기회를 틈타 교묘하게 최고의 이득을 취하는 데 뛰어난 능력을 갖고 있었다(极尽其投机取巧之能事)."

바로 소련이 중국 동북지역에 진공하는 그날, 스탈린은 중국 측의 대표 송자문에게 중국정부는 중소담판에 있어서 양보해야 하고 그렇지 않을 경우 소련은 공산당이 동북지역에 들어가게 할 것이라고 경고했다.

국민정부는 동북에서 군대가 전혀 없어 소련과 대항할 수 없는 상황이었다. 중화민국정부가 만약 소련과 조약을 체결하지 않은 상태에서 소련군이 동북지역으로 들어가게 된다면 국민정부는 소련을 제어할 방법도 없고 게다가 소련이 공개적으로 중공을 지지할 가능성도 있었다. 그래서 중국은 동맹국의 지지를 계속 얻기 위해서, 또 한편으로는 소련이 중공을 원조한다는 구실로 동북지역에서 철군하지 않고 주둔하는 상황을 피하기 위해, 소련과 2개월간의 담판 끝에 1945년 8월 14일 타협을 하게 되었다.

송자문과 왕세걸 등은 소련과 「중소우호동맹조약(中蘇友好同盟條約)」을 체결하기로 하였다. 양측에 논의된 주요 내용은 소련이 출병하여 일본을 격파한 후, 소련이 동북지역의 주권·영토 완정을 존중하고, 신강(新疆)의 내정 사무를 불간섭하고, 중공을 원조하지 않겠다는 등의 조건하에 공정한 공민의 투표 결과에 따라 몽고인민공화국을 승인할지 여부를 결정할 것을 윤허하라는 것이었다.

하지만 송자문은 이 조약체결을 거부하는 동시에 외교부장직을 사직하였다. 결국 왕세걸이 이 조약을 체결하였다.

일본 관동군은 16일 정식으로 정전명령을 받고, 17일 소련 원동군에게 정전교섭을 제출하였다. 그러나 소련은 휴전협 이전의 시간을 이용해서 원동의 점령범위를 확대하기를 원했다. 따라서 정전을 지연하면서 일본관동군에게 8월 20일 12시 이후에 전투행위를 정지할 것을 요구하였다.

8월 19일 소련 군대는 제제합이(齊齊哈爾)에 진군했다. 8월 20일에는 장춘·심양·합이빈(哈爾濱)·가목사(佳木斯) 등 도시로 진군했다. 8월 22일, 소련의 선봉부대는 여순·대련으로 진군했다. 23일과 24일, 소련의 탱크부대는 기차를 타고 여순·대련으로 진군했다. 동시에 8월 24일 평양(平壤)을 점령하고, 얼마 되지 않아 '38선' 부근까지 진출했다. 소련의 다음 목표는 만리장성을 넘어서 북경과 천진으로 진출하는 것이었다.

장개석은 사태가 이미 통제하기 어려운 상황으로 치닫는 것을 감지하였다. 이에 곧바로 미국사령관 겸 합동참모본부장 웨더마이어(Albert Coady Wedemeyer, 1897~1989)와 의논하여, 일본을 압박하였다.

미국은 일본이 군총사령 오카무라(岡村寧次)를 보내 투항하고, 필요시 소련군대와의 전쟁도 불사해서라도 만리장선 방어선을 지키라고 했다. 이와 동시에 미국 해군 해병대는 신속하게 발해만에서 상륙하고, 북경과 천진에서 산해관까지의 전략요지를 통제하였다. 그 다음 즉시 국민정부의 부대를 북경과 천진으로 공수해서 접수토록 하여 소련 군대가 온 화북을 석권할 기도를 저지하였다.

1945년 8월 24일 장개석은 중화민국을 대표해서 연합국헌장에 서명하였다. 9월 2일 일본은 정식으로 중·미·영·소 등 동맹국에 항복서를 제출하였다. 9월 4일 장개석은 「항전승리고전국동포서(抗战胜利告全国同胞书)」를 발표하고, "삼민주의 신중국을 건립하고, 민주헌정환정우민을 보급하며, 군대국가화를 실시하는" 등 세 가지 건국방침을 선포하였다.

8년 항쟁은 결속되었다. 험난하고 긴 항쟁의 시기였다. 전쟁이 결속되자 중국의 국제적 지위는 향상되었으며 당당히 5대국 대열에 들게 되었다. 한편 중국공산당은 화북에서 유격전을 진행하여 정규군은 항전 초기 5만여 명에 불과하였으나 127만 명으로, 민병 역시 268만여 명으로 발전하게 되었다.

국민정부는 전후 전사들이 고향으로 내려가 귀농하게 하는 '해갑귀전정책(解甲歸田政策)'을 실시하였으므로 국공의 군대비례는 60:1에서 3:1로 변해 있었으며. 중공지하당원이 국군 지휘핵심에 잠입하기도 하였다. 그리고 민국정부는 항쟁 승리 후 통화팽창 및 탐오부패 등 문제가 심각한 상태에 있었다.

1945년 8월 중경에서 두 개의 명령이 반포되었다. 첫 번째는 제18집단군(팔로군) 총사령 주덕(朱德)에게 "모든 해당 집단군 소속부대는 마땅히 원소재지에 주둔해서 명령을 기다리고 마음대로 행동해서는 안 된다." 두 번째 명령은 국민당 각 작전지역 장사에게 내린 명령이다. "박차를 가하여 작전에 노력하고, 모든 깃은 군시계획과 명령에 따라 적극 추진할 것이고, 조금도 늦추지 말라."고 했다.

그러나 공산당은 8년 동안 지속적으로 항쟁한 팔로군, 신사군도 일본의 항복을 받을 권리가 있다고 주장하였다. 그래서 진찰기(晋察冀),

진기로예(晋冀魯豫), 진수(晋綏) 해방구(解放區)에서 팔로군 각 부대는 빈번히 출격하여, 단기간 내에 187개 도시, 국토 1만 5,200평방km를 수복하여, 해방구 인구는 1,800만여 명에 달하였다.

모스크바에서는 중공중앙에 전보를 보내 중국은 내전을 할 수 없었다. 그렇지 않으면 중화민족은 멸망할 수도 있으니 모택동은 마땅히 중경에 가서 회담을 진행하기를 원했다. 결국 8월 25일 중공은 다시 미군 중국전구사령관(中國戰區司令官) 웨더마이어의 초청 전보를 받고, 논의 끝에 모택동, 주은래, 왕약비(王若飛) 등은 함께 중경에 담판하러 갔다.

1945년 11월 10일 소련은 대표를 파견하고 소련군이 철퇴하기 전 5일에 국민당군대가 동북 각대도시로 가는 것을 윤허할 것이니 중공군대는 비행장에서 국민당 군대와 마찰이 있어서는 안 된다고 했다. 이때 모택동은 아직 동북을 독점하려는 생각을 갖고 있었으므로 여전히 적극적으로 산해관과 심양 일대에 중병을 배치하고 국민당군을 산해관 내에서 막으려고 하였다.

1946년 2월 11일, 강제로 소련을 철군시키기 위해서, 영미는 공개적으로 소련이 얄타조약을 위배하였다고 비난했다. 중국에서도 이에 대해서 강렬하게 호응하여 여론은 일시에 들끓어 시민과 학생들이 가두로 나와 소련 철군을 요구하기 시작했다. 3월 5일, 국민당 6회 2중전회에서 「대소련제출항의, 엄중교섭한기철퇴기동북주군(對蘇聯提出抗議, 嚴重交涉限期撤退其東北駐軍)」 제안을 통과시켰다. 3월 6일 중국은 소련정부에 철군기한이 이미 지났으니 소련군대를 "즉각 철수"시킬 것을 공문을 보내 알렸다.

3월 7일 소련은 이미 동북남부로부터 철퇴하기 시작했다. 그러나 소련은 이 사실을 중국에 알리지 않았다. 소련이 철군하자마자 중공군이 밀고 들어갔다. 장개석은 중공군의 저항을 무릅쓰고 소련이 철군한 도시로 들어갔으나 이미 때는 늦었다. 3월 8일, 9일에 소련은 심양, 길림 등지를 철군할 것이라는 사실을 중공군(동북국)에게 통지했다. 4월 14일 소련은 장춘을 철퇴하였다. 당시 장춘에는 단지 경찰부대만 있었을 뿐이다. 소련은 소련군이 철수하기 3일 전에 국민당 군대 입성을 허락하였다. 그러나 소련군이 언제 철수할지에 대해서는 언급하지 않았다. 그래서 중공군에게 먼저 손을 쓸 수 있는 기회가 생겼다. 소련이 철수하자마자 4월 18일 중공군대가 장춘을 점령하였다. 4월 15일 주은래는 동북지역이 '전면적대' 상태에 돌입했다고 선언하였다. 이때 동북형세를 조종하는 스탈린이 재차 장개석에게 압력을 가했다. '연합정부'를 조성할 것을 제안하였다.

5월 3일 소련이 전부 중국에서 철수할 것이라고 선언하였다. 5월 8일, 스탈린은 장개석에게 모스크바 또는 다른 변경지역에서 만나 회담할 것을 재차 건의하였고, 미국 대통령 트루먼도 스탈린의 초대에 응할 것을 건의하였으나 장개석은 스탈린의 초대에 거절하였고 '연합정부' 건립에 동의하지 않을 것이며, 아울러서 만약에 필요하다면 단독 소련의 침략에 저항할 것이라고 분명한 입장을 밝혔다.

이때 동북지역에는 70만 일본관동군과 몇십 만 위군이 남기고 간 무기와 장비가 있었다. 소련은 중화민국과 「중소우호동맹조약」를 체결하였고, 또 정식외교관계를 맺고 있기 때문에 공개적으로 중공을 지지할 수 없었다. 따라서 스탈린은 직접 이 무기들을 중공 손에 넘길 수가 없었다. 그래서 소련은 교묘한 방법을 사용하기로 했다. 스탈린은 이 무기들을 직접 중공에게 넘기지 않고, 중공군대가 스스로 무기창고를 찾아 양질의 무기장비를 줍도록 하였다.

소련방 원수, 소련군 참모본부, 소련 극동군 주요 참전을 지휘한 알렉산드르 바실렙스키(Aleksandr Mikhaylovich Vasilevsky, 1895~1977)는 자신이 중공에게 넘겨준 소총의 개수는 70만 자루였고, 포는 3,000대, 무기탄약고 680개, 동시에 중국 자영 상인으로부터 미국선박을 빌려 양식운송을 위장해서 많은 무기와 탄약을 산동반도에 있는 중공군대에게 수송하였다고 그 당시를 이렇게 회상하고 있다. 물론 중공군대는 훈련을 거쳐야만 이 무기를 사용해서 힘을 발휘할 수 있겠지만 승부의 저울은 이미 중공 쪽으로 기울고 있었다고 회상했다. 든든한 배경을 등에 업은 공산군은 중국 통일을 자신하며 국민당 군대를 압도하기 시작하였다.

1947년 7월 1일, 소련은 만주화학(滿洲化學), 대화연강(大華鍊鋼), 진화(進和), 금속제품(金屬製品), 제관(製罐), 조달(曹達) 등 군수공장 6채를 중공에게 양도할 것을 동의하였다. 이 같은 소련의 행보는 외교상의 문제를 야기할 수도 있었지만 양측은 단지 말하지 않는 방침을 정하였다.

제 10 장

중화인민공화국

1. 전면적인 국공내전 폭발

항일전쟁의 승리에 장개석은 고무되어 있었다. 하지만 그 기간은 그리 길지 않았다. 장개석과 모택동으로 대표되는 국민당과 공산당 두 세력은 중국대륙을 놓고 패권을 다투었고, 1946년 봄에 임표가 30만 대군으로 국민당 정부를 공격하였는데 이후부터 공산당이 절대 우세의 위치에 처하게 되었다.

1948년 4월에는 길림에 있던 임표가 47만 국민당 군대를 제압하고 만주지역을 장악하였다. 또 팽덕회는 연안을 탈취하였으며 진의는 1949년 1월 북경과 천진지역을 점령하였다. 결국 화북지역의 대부분은 공산당의 수중으로 들어가게 되었다. 이로써 국민당 패잔병 50만과 피난민 200만은 대만으로 피신을 갔다(1949. 8. 1). 이로부터 현재에 이르기까지 대만은 반공복국(反共復國)의 기지가 되었다.

국민당의 패배 소식이 전해지자 전 세계는 매우 놀라워했다. 장개석 군대는 무슨 이유로 군사적으로 절대적 우세임에도 불구하고 허망하게 패하였는지 도무지 이해하기 어렵다는 표정들이었다.

어쩌면 그 당시에 유행하던 노래의 한 소절이 그 대답을 명확하게 해줄지도 모른다. 그 내용은 "총알 한 발에 황금 만 냥(子彈一枚黃金萬兩)"인데 내막인즉 당시 부패한 국민당의 장병들은 총알을 공산당에게 팔아넘기고, 그 수만큼의 총알 몇 발과 총포 몇 대를 손실했다고 보고를 올리면, 그 보고대로 황금 만 냥을 다시 지원받는다는 노래이다. 그 당시 이 노래가 문제가 되었으므로 국방부에서는 이 문제를 놓고 회의를 열었다. 회의에서 신문국 처장 오영전(吳英筌)은 이 노래 가사의 내용에 대해서 질의를 하였다. 하지만 국방부 회의에 참석한 장상들은 서로 얼굴만 쳐다볼 뿐 별다른 반응은 없었다. 잠시 후 고축(顧祝) 참모총장은 국방부 장관 서영창(徐永昌)과 옆방에 가서 몇 분 담화하고 다시 회의 장소로 돌아와서 또 다른 안건이 있냐고 묻고 다시 그 문제에 대한 언급도 없이 그냥 지나가 버렸다고 한다.48) 이것은 당시 장개석 군대의 부패상을 단적으로 말해주는 일화이다.

제2차 세계대전 후 구미 여러 나라는 일반적으로 전쟁에 지쳐 갔다. 행운의 여신이 이제 장개석의 편을 들어주지 않았으며 장개석이 꿈에도 생각하지 못했던 불행한 일이 발생하였다. 그들은 중국 국공내전에 대해서 매우 불만스러워하였다.

장개석의 절대적인 후원자인 미국은 세계의 반(反)나치 전쟁의 승리로 경제와 군사적인 측면에서 세계에서 가장 강성한 나라가 되었다. 미국은 적극적으로 전 세계로 자신의 역량을 뻗어 세계의 통치지위를 확립하려고 하였다. 따라서 미국은 적극적으로 장개석이 내전을

---

48) 계숭기, 『중국현대사료십유』, 대북: 대만중화서국인행, 민국78(1989), 38 - 45.

해서 승리하도록 지지하고 나섰다. 장개석이 공산당과 해방구 등을 섬멸하기를 희망했다. 하지만 미국 역시 국민당 정부의 부패와 무능에 그들을 포기할 수밖에 없었다.

1947년 7월, 미국특사 웨더마이어는 중국의 상황을 시찰하는 중에 중국 동북지역의 물자 부족현상의 심각성과 군사 장비 등이 예전의 신6군의 모습이 아님을 보고 매우 놀랐다고 한다.

이에 대하여 군장(軍長) 요요상(廖耀湘)은 미국특사단에게 신6군이 동북지역에서 정신적·육체적으로 소모가 큰 데다가 군 장비의 수리 정비 보충을 원활하게 하지 못하였기 때문에 완전히 실패하게 되었으며 총탄이 크게 부족할 뿐만 아니라 총탄은 자동무기의 마모가 심해서 자동소총의 연속발사가 불가능할 정도이고, 운수도구 방면에서도 자동차와 특종차량들은 이미 폐차 연령에 도달했다고 설명하였다. 그리고 특히 군병의 사기는 너무 저조하다고 덧붙였다.

웨더마이어는 남경에 돌아온 후에 동북지역에 대한 시찰보고를 하면서 국민당의 부패와 무능에 대해서 유감을 표명하는 동시에 국민당은 중공과 비교해볼 때 군사적인 면에서 이미 열세에 처해 있으므로 중공이 중국을 통일할 가능성이 있다고 경고했다. 그의 예견은 적중하였다.

이에 앞서 1946년 6월, 국민당 군대는 미국의 원조하에 먼저 중원 해방구를 향해 대거 진공하게 되었다. 전쟁 초기 국민당은 군사적·경제적인 면에서 현저한 우세를 차지하고 있었다. 하지만 모택동의 공산당 군대는 이미 예전의 부실한 군대가 아니었다. 군대조직은 8년 항전을 통하여 체계가 잡혔고 병사들은 강건하게 단련되었다.

1946년 6월 26일, 30여 만 국민정부군에게 호북성 효감시 대오현

선화점 지역(湖北省 孝感市 大悟縣 宣化店 地域)에서 근 7개월 동안 포위되었던 6만 중공군대가 갑자기 포위망을 뚫고 나갔는데 이때부터 국공내전이 전면 폭발하게 되었다. 모택동은 "모든 반동파는 종이호랑이이다." "장개석와 그를 지지하는 미국은 모두 종이호랑이이다. 우리는 좁쌀, 식량과 소총에 의지하여 싸우지만 이것은 장개석의 비행기와 탱크보다 더 강하다는 것을 역사는 최종적으로 증명할 것이다. 중국인민들의 앞에는 아직도 많은 곤란함이 존재하지만 반동파들은 언젠가 패배하게 되어 있고, 우리는 언젠가 승리하게 되어 있다. 그 원인은 별다른 게 아니라 반동파는 반동을 대표하지만 우리는 진보를 대표하기 때문이다."49)라고 스스로 결론을 내리고 장개석과의 전쟁에 자신감과 용기를 표명하였다. 그 결과는 놀라웠다. 불과 8개월 작전 끝에 70만 군을 섬멸시켜 국민당의 전면공격 계획은 실패로 끝났다.

1946년 11월 장개석은 남경에서 국민당원이 주를 이루는 '국민대회'를 개최하였다. 회의에서 '중화민국헌법'이 제정되었다. 이번 국민대회와 헌법제정에 대하여 공산당은 크게 반발하였다. 1946년 11월 16일 주은래는 남경에서 이에 대한 성명을 발표하였다. '국민대회'에서 통과한 '국민헌법'은 독재를 합법화하는 것이고, 내전을 합법화하는 것이며, 분열을 합법화하는 것이고, 매국을 합법화하는 헌법이라고 주장했다. 그리고 국민당이 만일 이런 식으로 한다면 중국인민은 반드시 고통의 심연으로 빠져들어 갈 것이고, 우리 중국공산당은 이번 "국민대회"를 절대로 승인할 수 없다고 주장하였다. 이리하여 국

---

49) 박종귀, 『모택동의 인물평』, 파주: 한국학술정보(주), 2007, 221쪽.

공 간의 갈등은 날로 깊어가고 표면화되어 갔다.

이어서 1947년 봄 장개석은 남경, 상해, 중경에 있는 중국공산당 대표단에 철수하라는 명령을 내렸고 중경에서 출판되는 「신화일보」도 폐간시켰다. 이로써 8년간의 항일전쟁으로 성사되었던 국공합작은 파국에 이르러 국민당과 공산당은 또다시 생사를 건 운명적인 내전상태로 돌입하게 되었다.

전면적인 국공내전이 시작될 즈음 미국은 중국과 교전하는 쌍방 나라에 무기 제공을 금지한다는 결의안을 통과시켰다. 이 중요하고 긴박한 상황에서 이런 소식은 장개석에게 있어 청천벽력과도 같아서 충격적이지 아닐 수가 없었다. 이 결의안은 다른 열강에까지 여파가 미쳐, 영국·캐나다 등의 나라도 동참하게 되었는데, 영국 외교부는 영국정부의 정책이 중국 내전을 격려하지 않을 뿐만 아니라 이 목표를 위해서 내전이 지속된다면 영국은 중국에 어떠한 물자도 수출하지 않는다고 선언하였다. 이 결의안의 결과는 국민당이 실패할 것을 점찍는 주사위와도 같았다.

전면내전 폭발을 전후로 해서 국민정부는 대량의 재정을 전쟁하는 데 소비하였으므로 당시 통계에 의하면 적자가 67%에 달하였다. 국민정부는 재정적자가 극에 달하자 화폐를 남발하였고 이로 인하여 통화가 팽창되자 급격한 인플레이션으로 물가는 가파르게 오르게 되었다. 사회는 혼란 속으로 빠져들고 도산하는 공상업계와 실업하는 노동자가 속출하였다. 게다가 농업 생산량도 급감하고, 농민도 파산하게 되어 국가 경제는 붕괴 직전에 몰리게 되어 인민의 생활은 말로 표현할 수가 없을 정도로 처참하였다.

이 문제의 해결을 위하여 공산당은 토지제도의 개선에 모든 힘을 집중하였다. 당시 중국인민들이 절대적으로 필요로 하는 것은 하루하루 먹고사는 문제였으므로 당시 인민들의 최대관심사 역시 토지제도일 수밖에 없었다. 따라서 토지제도에 대한 공산당의 정책은 매우 분명하였다.

항일전쟁 승리 이후에 중국 공산당의 토지제도에 대한 정책은 감조감식(減租減息)이었다. 그러다가 공산당 점령지역에서 토지개혁운동을 전개하였으며 1947년에는 전국토지회의를 개최하여 「중국토지법대강」을 제정하였다. 그 내용은 지주 토지를 몰수하고, 봉건수탈제 형식의 토지제도를 폐지하며 경작자가 토지를 소유하는 제도인 '경자유기전(耕者有其田)'을 시행함으로써 농촌에 있는 사람 수에 따라서 토지를 분배한다는 것이었다.

「중국토지법대강」이 시행된 지 1년 만에 공산당 점령지역의 1억여 명의 농민들이 토지를 분배받았다. 이 같은 파격적인 고용농과 빈농 위주의 토지개혁정책은 전쟁으로 피폐해 가는 중국인민들의 마음(民心)이 점점 공산당에게 기울게 되는 결정적인 원인이 되었다. 한평생 한 평의 땅조차 가져본 적이 없었던 소작농과 빈농들은 공산당에 열광하였다. 그들은 공산당 편에 서서 참군하였으며 국공내전에서 공산당 승리에 결정적인 역할을 하게 되었다.

중국 농민이 중공군에 열광함으로써 농민의 중공군 참여도가 높아졌다. 1946년에서 1948년까지 화북과 동북지역에서 200여 만 명이, 산동성에는 580만 명, 하남성에는 480만 명이 참군하였다. 인민들의 절대적인 지지를 받은 인민해방군은 1947년부터 드디어 수세에서 공격적인 전략으로 방향을 바꾸었다. 주로 공격하는 지점은 국민당의 방어 역량이 미약한 중원지역이었다.

1947년 6월 말 유백승과 등소평은 진기노예[晉(산서성), 冀(하북성), 魯(산동성), 豫(하남성)]의 해방군 주력 병사를 인솔하고 대별산을 넘었고, 진경, 사부치는 진기노예의 일부 해방군을 인솔하고 예섬악[豫陝(섬서성), 鄂(호북성)] 지구에 도착했다. 진의(陳毅)와 속유(粟裕)는 화동해방군주력을 인솔하고 예환소[豫皖(안휘성), 蘇(강소성)] 지구에 들어갔다. 이 3군은 '품(品)' 자 진열을 형성해서 중원을 중심으로 진군하여 국민당의 심장지구를 찌르고 남경과 무한을 위협했다.

섭영진(聶榮臻)은 화북해방군을 인솔하여 석가장(石家庄)을 점령하므로 진기노예(晉冀魯豫)와 진찰기[晉察(찰합이성), 冀] 두 지역을 하나로 연결하게 되었다. 담진림은 화동해방군을 인솔하고 국민당군대가 교동(膠東)으로의 진공을 막았다. 임표(林彪)와 나영환(羅榮桓)이 동북해방군을 지휘하여 동북지역을 점령하니 국민당의 동북군은 완전 고립되었다. 팽덕회와 하룡은 서북해방군을 지휘하여 연안을 점령하기에 이르렀다.

대체적으로 중공군의 전술은 주력부대로 외부 지방을 공격하면서 점점 전쟁을 국민당 지역으로 몰고 가서 국민당 군을 치는 전술을 사용하는 것인데, 이러한 작전은 전국적인 반격을 가하는 데 아주 성공적이었다.

모택동의 적절한 전술전략과 인민들의 지지를 받는 공산군은 1946년 7월의 국민당 군대와 인민해방군의 인원수 대비가 430만 대 130만이었으나 1948년 7월에는 365만 대 280만이 되어 대비에 큰 변화가 일어나 수적으로 약간의 차이는 있으나 국민당은 감소한 데 비해 인민군은 오히려 두 배 이상 증가한 상태였다.

1948년 3월 29일 장개석은 제1회 국민대회에서 중화민국 헌정실시후의 첫 번째 총통으로 5월 20일에 취임했다. 4월 18일 국민대회는 동원감란시기 임시조관을 통과시켰고, 5월 10일에 시행되었다. 8월에 국민정부는 화폐개혁에 실패했고, 9월에 제남전역(濟南全域)에서 실패하여, 군사·정치·경제 및 외교 등 정세가 중공군과 역전되었다. 그리고 계속되는 요서회전(遼西會战)·서방회전(徐蚌會戰)·평진회전(平津會戰)에서, 국민당은 정예부대를 모두 잃었다.

일련의 실패 앞에서 막강한 군대를 장악하고 있었던 계계(桂系) 장령 이종인(李宗仁), 백숭희(白崇禧) 등이 장개석 하야를 요구함에 따라 1949년 1월 21일 장개석은 '인퇴문고(引退文告)'를 발표하게 되었다. 부총통 이종인은 대리총통직무로서 공산당과 담화를 진행하는 데 실패하였다. 그 결과 4월 20일, 중공 군대는 양자강을 건넜다. 이때의 공산당은 더 이상 10여 년 전의 옛 모습이 아니었다.

일본의 패망 이후 공산군의 군사력은 급속도로 강해졌는데 여기에는 또 다른 이유가 있었다. 사실은 소련군의 도움과 절대적인 관계가 있었다. 1945년 8월 8일 소련은 일본에 선전포고를 하고 중국 동북으로 진군하였다. 이때 일본은 이미 원자폭탄 폭격을 받은 후였고 동맹국에게 항복을 청하는 중이기 때문에 소련군이 동북으로 진군할 때 아무런 저항도 하지 않았다. 따라서 소련은 보름도 되지 않아 찰합이(察哈爾) 등을 점령하였으며 동북지역의 중공업 설비를 해체해서 소련으로 운반해가고 이를 전리품이라 하였다.

중국은 규정에 따라 장춘으로 사람을 보내 소련군과 동북을 접수하는 교섭을 하였다. 하지만 소련 측은 '경제협력'을 요구했고 그 속뜻은 동북경제를 통제하겠다는 뜻이었다. 중국 측은 약조에 따라 소련에게 철군할 것을 요구했으나 소련은 핑계를 대며 지체하고 있었을 뿐만 아니라 대련(大連)으로 상륙하겠다는 중국군의 요구도 거절하였다.

이에 중국군이 영구(營口)와 호로도(葫蘆島)로 바꾸어 상륙하려 하였으나 소련은 중공군을 지원해서 국민군에 항거토록 하였다. 중국군은 다시 산해관(山海關)으로 동진하였다. 하지만 소련군이 1946년 3월까지 있다가 심양에서 철군하자 기회를 엿보던 중공군이 드디어 동북지역으로 들어와 국민당 군을 쫓아냈다.

그러면 소련이 중국 동북지역에서 철수하지 않았던 이유는 무엇인가? 그 이유는 첫째, 공업설비를 해체해서 자국으로 운송하기 위해서였고, 둘째는 중공군의 세력을 돕고 육성하기 위해서였으며, 셋째는 국민군과 경제협력을 하기 위해서였다. 후에 소련은 첫 번째와 두 번째의 목적이 달성되자 중국 동북지역에서 철수하였던 것이다.

소련군이 중국 동북지역에서 철수할 때 중공은 만리장성 내외, 산동을 따라 육해 양로로 동북지역으로 들어왔다. 그리고 중공군은 소련군으로부터 일본관동군이 소유했던 대량의 무기를 접수했고, 그곳에 있었던 위만주군도 공산군으로 편입시켰다. 이러한 연유로 공산군의 규모는 급속한 성장을 보였다. 군대는 1945년에 20만 병력이었으나 불과 1년도 안 되어 1946년 2월에 이르러서는 50만 대군을 이루어냈다. 공산군의 확충 속도는 실로 놀라운 것이었으나 실은 소련군의 도움 없이는 절대로 불가능한 것이었다.

2. 남경국민정부의 전복과 중화인민공화국의 건립

내전이 3년째 접어들면서(1948) 공산군은 병력이 신속히 증강되었고, 장비도 매우 개선되었으며, 전투력도 눈에 띄게 향상되어 있었다. 반면에 국민당 군대는 인원수가 급감한 데다가 사기는 땅에 떨어져 주요한 지역에만 치중해서 방어하는 작전을 펼치고 있는 형국이었다. 이에 날이 갈수록 내전의 상황은 국민당에게 불리하게 전개되고 있었다.

정세를 간파한 중국 공산당은 시기가 왔음을 확신하고 1948년 9월에서 1949년 1월까지 요심(遼瀋), 회해(淮海), 평진(平津) 등 3대 전역(三大戰役)을 발동하였다. 이 전쟁은 1월 31일 공산군의 승리로 끝났다.

1949년 1월 3대전역에서 국민당 군대의 완전한 참패는 국민당으로서는 돌이킬 수 없는 패배였다. 게다가 내부의 압력 때문에 장개석은 하야하고 막후에서 총지휘하게 되었다. 이때 이종인(李宗仁)이 총통대리로 임명되어 사태수습을 맡아 공산당과 평화담판을 요구했고 양자강으로 경계를 삼아 각각 다스릴 것을 요구하였다. 공산당은 단호하게 이를 거절하였다.

1949년 봄, 중국 공산당은 하북 평산현 서백파(河北 平山縣 西栢坡)에서 7차 2중전회를 소집하였다. 모택동은 이 회의에서 중요 보고를 했다. 그는 이 회의에서 당의 공작 중심이 향촌에서 도시로 옮겨 갔음을 명확히 지적하였으며 혁명이 승리할 경우 신민주주의사회에서 사회주의사회로 전환할 것을 선언하였다.

4월 초 주은래를 수석대표로 하는 공산당대표단은 장치중을 수석

대표로 하는 국민정부대표단과 8개 항목을 조건으로 해서 북경에서 평화담판을 거행하였다. 쌍방은 「국내화평협정최후수정안」을 협의했으나 20일 국민정부는 서명하기를 거부했다.

승리를 눈앞에 두고 1949년 4월 21일, 모택동 주석과 주덕 총사령은 전국에 진군 명령을 했다. 23일 인민해방군은 완승을 확신하며 양자강을 건너 남경을 점령하였다. 이어서 해방군은 전국으로 진군했고 곳곳에 있는 국민당 잔여당을 섬멸하였다. 이로써 22년 동안 중국을 통치한 국민정부는 전복되었다.

8년 항일전쟁 동안 미국은 소련과 중공의 세력이 미미하여 별로 신경 쓸 필요가 없으며 중공은 다만 농촌개혁자에 불과하다고 여겼었다. 그래서 국민정부가 중공을 용납해서 '연합정부'를 만들 것을 종용했었다.

그러나 미국은 일본이 항복한 후에 중공이 소련 쪽으로 기울지 않을까 두려워한 나머지, 미국 특사 마셜(George C. Marshall)을 중국에 파견해서 국민당과 중공 사이의 중재자로 나서게 했다. 그의 임무라는 것은 첫째는 국민군과 중공군이 휴전하도록 조정하고 개편하는 역할과 둘째는 '연합정부'를 세우도록 설득하는 역할이었다.

이 조정에 따라 1946년 1월 10일, 국민군과 중공군의 휴전협정이 성사되었고, 2월에는 군대편성 방안이 정해졌다. 그래서 국민군과 중공군은 기간별로 군을 축소하되 5대1의 비율로 정했다. 그 후 국민정부는 중공에게 휴전협정을 이행할 것을 요구하였으나 중공군은 이 휴전협정을 이행할 마음이 전혀 없었다. 사실은 소련의 도움으로 병력이 강화되고 무기도 새롭게 탈바꿈하여 국민군과 견줄 때만을 기다리고 있었다.

마셜은 담판이 결렬될까 두려워 중공을 안무하는 반면에 국민정부를 억제하는 한편 중국이 미국 무기를 구매하지 못하도록 금지하였다. 하지만 그의 이러한 노력들은 모두 실패로 끝나고 오히려 국민군과 공산군과의 격차를 줄이고, 국민군이 불리한 상황에 놓이게 하는 결과를 초래하였을 뿐이다.

미국은 조정이 실패로 끝나자 이 모두가 다 국민당이 타협을 잘 하지 못한 탓으로 돌리고, 중국에 대한 모든 지원을 끊었다. 그 당시 부총통 이종인(李宗仁)은 미국 인사의 책동하에 중공과 타협해서 다시 미국의 지원을 받게 되면 평화를 이룰 것이라고 말하면서 총통(장개석) 하야를 요구하였다. 이종인의 행동에 국민정부 내부는 크게 동요하였으며 결국 1949년 1월에 총통 장개석은 하야를 선언하고, 이종인이 총통 직권을 대리하였다.

이종인은 총통대리 신분으로 중공과 담판하면서 양자강을 경계로 삼자고 제의하였다. 그러자 중공은 오히려 이종인에게 투항할 것을 요구하였다. 4월에 중공군은 드디어 대거로 양자강을 건너 수개월 만에 양자강 이남과 서남, 서북 지역을 점령하였다. 7월에는 중공 주석 모택동이 소련과 협력할 것을 선언하고, 10월 1일 북평(북경)에 수도를 세우고, 국호를 중화인민공화국으로 개칭하였다.

국민당의 무기력한 패배는 미국이 1948년 장개석 정부에 대한 지원을 갑자기 중지한 것과 밀접한 관련성이 있다. 국공내전이 공산당에게 유리하게 전개될 때에 미국은 중대결정을 하였다. 미국대통령 트루먼은 미국이 국민당을 돕기 위해 보낸 돈의 대부분을 헛되게 썼고 그 가운데 많은 돈이 장개석, 송미령 그리고 중국 제1의부자로 불리던 송미령의 동생 송자문과 송미령의 처형 공상희의 주머니로 흘러들어갔다고 말했다. 이러한 이유로 미국의 지원이 중단되었던 것이다.

그 당시 송미령은 미국 국회와 캐나다 국회에서 정치활동을 활발히 함으로써 미국이 부장반공(扶蔣反共)도 하고, 또 국민당 정부를 적극적으로 돕도록 하는 데 일조했다. 그래서 장개석은 송미령의 가치는 20개 사단에 버금간다고 말한 적도 있을 정도였다. 하지만 국민당의 부패가 돌이킬 수 없는 지경이 되자 1948년 미국은 중국에 대한 지원을 중단하게 되었다. 부패 앞에서는 송미령의 탁월한 외교도 역시 빛을 잃고, 이무런 소용이 없게 되었다.

국민당 정부의 부패와 무능은 군대를 무기력하게 만들었고 결국에는 국가의 패망으로 이어지게 되었다. 1949년 국민당은 공산당에게 대륙을 내어주고 대만으로 후퇴할 수밖에 없었다.

1949년 9월, 북경에서 중국인민정치협상회의가 성황리에 거행되었다. 중국공산당, 각 민주당파, 무당파 민주인사, 인민해방군, 각 인민단체, 각 지구, 각 민족과 국외화교 대표가 대회에 출석했고, 신중국 성립 문제에 대해서 토의하였다. 이 대회에서 중화인민공화국을 건립할 것을 결정하였으며 「중국인민정치협상회의공동강령(中國人民政治協商會議共同綱領)」을 통과시켰다. 이 강령에서 중화인민공화국은 노동자 계급이 영도하고, 농공연맹으로써 기초를 한 인민민주전정 국가임을 표명하였다. 대회에서 모택동이 중화인민공화국 중앙인민정부의 주석으로 선출되고, 주덕(朱德), 유소기(劉少奇), 송경령(宋慶齡), 이제심(李濟深), 장란(張瀾), 고강(高崗)은 부주석으로 선출되었다. 또 회의에서는 북평(北平)을 북경(北京)으로 개칭하며 신중국의 수도로 정하였고, 또 오성홍기를 신중국의 국기로 정하고, 「의용군진행곡(義勇軍進行曲)」을 국가로 정하였다.

3. 야스쿠니 신사

중국현대사를 살펴보면 혁명과 전란의 역사다. 신해혁명, 원세개와 이어지는 군벌의 전국할거시대, 국공내전, 1931년부터 45년까지의 일본과의 8년 항전시기, 그리고 일본패망 이후 바로 이어지는 국공내전 시기, 그야말로 짧은 40년 동안 중국대륙을 무대로 전개된 현대중국사는 민주혁명의 시대이었으며 격동의 시대였다. 특히 이 시기 역사 중 일본의 중국침략과 중국민중들의 저항역사는 중국현대사에 큰 부분을 차지한다.

세계 전 인류를 분노하게 한 남경대도살(도자 설명) 사건은 전무후무하고 잔악무도한 야수의 침략사이다. 그런데 일본의 우익세력과 국민들의 이에 관한 여론은 우리가 이해할 수 상황이다. 남경대학살에 대하여 일본의 우익세력들은 43만 명을 도살하고도 한 명도 죽인 적이 없다고 한다. 또 조선의 식민지와 이어지는 중국 침략과 아시아의 침략에 대하여 그들은 아시아의 진보를 도왔다고 하며, 전 세계를 대상으로 침략전쟁을 한 전사자들을 영웅화하고 영웅시하고 이들을 야스쿠니 신사에 합사하게 된다. 이것이 아시아인뿐 아니라 전 세계 인류를 공분케 한 야스쿠니합사이다.

과거의 잘못된 역사를 바로잡지 못하면 그 역사는 반드시 되풀이된다. 이 얼마나 무서운 얘기인가? 추악하고 비겁한 역사를 바로잡지 않은 민족에게는 미래가 있을 수 없다. 야스쿠니 신사는 일본인만의 신사가 아니다. 대만인은 2만 8천여 명이 합사되고, 한국인도 많은 사람들이 합사되어 있다. 그래서 반드시 짚고 넘어가야 할 과제이다.

야스쿠니 신사는 군국주의의 침략전쟁을 감행하는 데 특수한 기능을 한 일종의 순국전사자(殉國戰死者)의 추도시설이라고 하겠다. 전쟁터에서 숨진 전사자의 영혼을 '호국의 신'으로 추대하고 제사를 지내주기 위해 건립된 것이다, 처음에는 '도쿄 쇼콘샤(招魂社)'라고 명명하였으나 1879년에 '야스쿠니 신사'로 명칭을 바꾸었다. '나라를 평안하게 한다.'는 뜻이다. 그 당시 모든 침략전쟁이 그러하듯 명분이 없는 침략전쟁에서 가치 없는 죽음을 정당화하고 합리화할 방안을 모색한 결과 아주 그럴듯한 묘한 방안을 생각해냈다. 그것은 바로 천황을 위해 싸우다 죽음을 당하는 전사자는 그의 과오나 국적과도 상관없이 '호국의 신'이 되어 누구나 '야스쿠니 신사'에 모셔 천황의 특별한 참배는 물론 온 국민의 예배를 받게 된다는 기상천외한 신화의식을 탄생시켰던 것이다. 따라서 일본의 젊은이들은 무의미한 전쟁터로 끌려가면서도 이 신화의식의 약속을 믿고 '야스쿠니 신사에서 만나자.'는 구호를 외치며 먼 이국 땅, 침략의 전쟁터로 떠나갔던 것이다. 그리고 전쟁터의 이슬로 사라져 갔다.

이 야스쿠니 신사 문제가 최근에 와서 다시 주목을 받게 된 데는 그 이유가 있다. 1978년 도조 히데키(東條英機)를 비롯해서 14명의 A급 전범들의 위패를 야스쿠니 신사에 합사하고 참배하기에 이른다. 이것은 단순한 문제가 아니었다. 이것이 의미하는 바가 컸다. 즉 일본의 보수파들은 이 전범들의 합법화를 주장한 것이다. 이 전범자들은 일본 국내법상으로는 범죄자가 아닌 영웅, 즉 '호국의 신'이고 결코 연합국이 주장하는 전범자가 아니라는 데 문제가 있다. 그래서 급기야 국제사회에까지 주목하기에 이른 것이다. 이어서 1985년에 처음으로 나카소네 야스히로(中曾根康弘)를 비롯해서 그 뒤를 이어 2000년에는 이시하라 신타로(石原愼太郎) 도쿄도지사, 2001년에 고이즈미

준이치로(小泉純一郎) 총리가 공식적으로 야스쿠니 신사 참배에 참가하였다. 이러한 행동들은 일본 군국주의를 부활시키고 있어 주변국의 국제적인 비난을 받게 되었다.

전쟁 피해자의 영혼을 전쟁 가해자의 영혼과 같이 합사를 하였으니 이 문제는 우리가 합사문제를 논하지 않을 수 없는 매우 중요한 문제이다. 일부 사람들은 이 문제는 일본 내부의 문제이니 주변국에서 일본 정치인들의 신사참배에 대하여 그렇게까지 예민할 필요가 있느냐고 반문하기도 한다.

그러나 이 문제는 이미 일본 내부의 문제가 아니다. 역사가 남겨놓은 문제는 역사적의 규명으로 반드시 해결되어야 한다. 과거 일본이 아시아 제국과 전 인류를 대상으로 자행한 폭정과 폭압의 행위는 자랑스러운 역사가 될 수 없는 것이다. 일본 우익세력들의 과거 그들의 행적을 숨기고 미화하는 행위는 이후에 군국주의의 길을 가겠다는 것이며 침략전쟁의 역사를 되풀이하겠다는 말과 다름이 없다. 한국과 중국 등지에서 온갖 짐승 같은 행위로 주변민족들을 도륙하고 도살하였던 바로 그 사람들이 지금도 도쿄 등지에서 당시의 복장을 하고 탱크를 앞세워 퍼레이드를 하면서 과거의 자랑스러운 영광을 재현하겠다고 하는 모습을 보고 우리는 놀라지 않을 수 없다.

특히 2차 세계대전의 1급 전범인 일본 왕에 대한 역사인식은 매우 놀랍다. 그들은 일왕을 전범으로 인식하지 않으며 오히려 미국이 고의로 일왕을 전범으로 모는 것이라고 주장한다. 그렇다면 그들은 2차 대전에 대해서도 책임감을 느끼지 못할 뿐만 아니라 전쟁의 책임자인 일왕에 대해서도 전범이 아닌 영웅으로 대하는 역사인식을 갖고 있다는 것이다. 수많은 사람들을 사지로 몰고도 조금의 반성도 없이 역사를 왜곡하고 심지어는 그들을 미화하여 과거의 일본침략의 역사를 정당화하고 재현하려는 일본의 우익세력들을 보면서 우리 역사를 연구하는 사람들은 심중한 역사적 책임감을 느낀다.

이런 의미에서 일본을 위하여 싸웠으니 한국과 대만인들을 합사한 행위는 반드시 바로잡아야 한다. 한 개인이든 민족이든, 사람은 서로 더불어 사는 것이다. 어떻게 문제를 바라보는 관점이 어찌 이처럼 평면적이고 이기적일 수 있는가? 히틀러는 모든 국민이 자신이 타는 차를 몰고 다닐 수 있게 하겠다고 공언하였다. 국민들은 광적으로 그를 추종하였다. 다른 민족을 희생시켜 자신의 민족에게 모든 영광을 돌리려는 극도의 배타적인 민족주의이다. 일본 우익세력들은 아직까지도 자신들이 피해자라고 말한다.

야스쿠니 신사는 제2차 세계대전 이전 일본 왕을 위해 죽은 신령을 받드는 곳이다. 현재 야스쿠니 신사에 모셔진 247만 영령 중 213만 영령이 태평양전쟁 희생자들이다. 히로히토 일왕은 이런 곳을 1975년 11월부터 숨질 때까지 참배하지 않았다. 도미타 도모히코 전 궁내청장관이 남긴 히로히토 일왕과 관계된 메모에 의하면 그 이유를 연합군에 의해 전범으로 기소된 28명의 A급 전범 중에 교수형을 당한 14명의 합사문제(1978년 10월에 합사) 때문이라고 밝히고 있다. 일왕은 "그들을 어버이의 마음을 모르는 자식이다."라고 말했다고 한다.50)

그가 끝까지 참배를 하지 않은 이유에 대해서는 아직까지 정확히 밝혀진 것은 없다. 하지만 히로히토 일왕은 1945년 9월 세계를 향해 항복을 선언하고 9월 맥아더를 찾아가 사죄하고 46년 신년사에서는

---

50) 조선일보, 2006. 7. 21.

자신이 인간임을 선언했다. 이처럼 연합군에게 구걸하다시피 하여 A급 전범 중 히로히토 왕만 1948년 12월 22일 교수형을 당하는 데서 제외되고 간신히 목숨을 구하였는데 히로히토가 어찌 감히 신사 참배를 할 생각을 할 수 있었겠는가? 또 생각해 볼 수 있는 것은 그는 1946년 눈물을 흘리면서 신에서 인간으로의 선언을 하였다. 일왕의 입장에서 생각해 보아도 이들의 실패로 인하여 신의 자격을 박탈당하였으니 쉽게 그들을 용서하는 것이 쉽지는 않았을 것이다.

일본에서는 "패전"했다고 하지 않고 "정전"이라고 한다. 그 이유는 "패전"이라고 한다면 1억이 되는 백성들이 천황한테 충성을 다 하지 못하여 죄 지은 것이 되기 때문에 "정전"이라고 할 수밖에 없다고 한다.

◆ 마치는 말

아버지 송가수에게는 딸이 셋 있었다. 이들 중 한 명은 부를 사랑했고, 한 명은 명예와 권력을 사랑했고, 또 나머지 한 명은 조국을 사랑했다. 이 중 부를 사랑했던 딸은 중국 최고의 부자인 공상희와 결혼했고, 명예와 권력을 사랑했던 딸은 장개석과 결혼했으며, 조국과 인민을 사랑했던 딸 송경령은 22살의 어린 나이에 손문과 결혼했다.

이때 손문의 나이는 49세로 아내와 세 아들이 있는 상태였다. 가족들이 모두 반대하였으나 둘의 결혼은 일본 도쿄에서 이루어졌다. 하지만 1925년 3월 12일 손문이 북경에서 간암으로 사망함에 따라 그들의 짧은 결혼생활도 끝이 났다.

특별한 삶을 살았던 3자매의 남자들은 현대 중국사회를 움직이는 중심축이었다. 중국현대사를 손아귀에 넣고 뒤흔들었던 국민당의 주역들이다. 중국역사의 새로운 시대를 연 민주공화국의 초석을 다진 사람이 손문이었고, 그의 뒤를 이은 이가 장개석이었다. 하지만 손문에서 시작된 민주혁명의 불길은 장개석에 와서 막을 내린다.

이 시기의 중국사회는 참으로 복잡다단하였으며 또 한편으로는 슬프고도 참담한 상황이었다. 모택동에 쫓겨 활로를 모색하였던 장개석의 부인 송미령은 국민당 패망 직전 미국에 원조를 요청하러 가면서 온몸을 명품으로 치장한 것도 부족하여 비행기 한 대 분량의 사치용품을 가지고 갔다. 그녀가 좋아하는 사치와 돈은 중국사회를 혼란과 파괴로 몰아넣었다. 경제는 파탄되어 대부분의 인민들은 힘겹게 지내야 했다. 모든 피해는 고스란히 국민에게 돌아갔다.

결국 1949년 국공내전에서 국민당은 대패하였다. 중국은 대만과 중국으로 분단되어 중국인민은 사랑하는 사람과 이별의 아픔 속에 살아가야만 했다. 대만으로 건너간 국민당의 나이 든 노군인들 중 대부분이 1949년 젊은 나이에 고향을 등지고 바다를 건너간 사람들이다. 그 노군인들 사이에는 유행하는 시가 있다.

나를 높은 산에 묻어 주시오.
내 그리운 고향을 바라보고파.
그러나 고향은 저 멀리 아득히 보이지 않으니
말없이 서러워 통곡할 뿐이네.[51]

이 시의 내용은 그들이 바라보는 곳은 바로 그들의 마음이 향하는 곳, 꿈에도 그리며 가고 싶은 곳이고, 그곳에는 보고 싶은 그리운 얼굴들이 있다. 보고픈 사람을 만날 수 없는 서글픈 그들의 마음을 잘 표현해주는 시이다. 우리는 이 시기의 역사를 귀감으로 삼아야 한다.

---

[51] 葬我於高山兮。
　　望我大陸。
　　大陸不可見兮。
　　只有痛哭。

공산주의 사상을 지닌 모택동(1893~1976)과 민주주의 사상을 지닌 장개석(1887~1975), 대만과 중국의 고액권 화폐에 등장하는 이 두 지도자는 중국현대사의 명운을 결정지은 매우 중요한 인물로서 중국현대사의 양대 산맥을 이룬다.

이들은 19세기 말 거의 비슷한 시기에 태어나서 서로 증오하며 끝없이 싸우다가 20세기 말 비슷한 시기에 세상을 떠났다. 아쉬운 것은 두 지도자가 세계조류를 올바르게 인식하지 못하여 그들의 생존 과업 중의 하나인 통일을 이루지 못한 사실이다. 중국은 민족분단으로 인하여 수많은 사람들이 사랑하는 사람과 가족과의 이별의 아픈 사연을 가슴에 품고 한평생을 서로를 그리워하며 살아가게 되었다. 개인이 품은 증오의 감정만큼 양안의 철의 장막은 굳게 닫혀 있었으며 이러한 비극적인 역사는 두 지도자가 죽은 후에서야 비로소 서서히 해빙기를 맞으면서 교류가 시작되었다.

장개석과 모택동의 성장배경은 비슷하여 모두 중산층 가정에서 태어났으며 교육 역시 유교식의 전통교육을 받았다.

장개석은 1906년 보정군관학교를 거쳐 일본육군사관학교에 유학하다가 중국동맹회에 가입하면서 정치에 입문하였으며 1911년 신해혁명 때는 중국으로 돌아와 혁명에 가담하였다. 1918년 손문을 도와 원세개 이후 북양군벌들이 전국을 할거하는 난세의 중국대륙을 통일하는 데 힘썼다. 1925년 이래는 혁명군의 총사령관으로 재임하였고 1926년 중국의 북양군벌들을 제압하기 위하여 북벌을 개시했다.

1928년 그의 군대가 수도인 북경에 입성하면서 북벌은 성공적으로 끝났고, 중국은 겉으로나마 통일되었다. 그해에는 남경에 그를 정부 수반으로 하는 국민당 주도의 새 중앙정부가 세워졌다. 이에 앞서

1927년 9월 장개석은 본처와 자녀들이 있는 상황에서 송 씨 집안의 막내딸인 송미령을 그의 두 번째 아내로 맞이하였다.

이 시기까지 장개석의 공적을 논한다면 그는 신해혁명 후 군벌들의 전국 할거를 잠재우고 국민혁명을 성공적으로 마침으로써 중국의 안정적 통일에 커다란 공헌이 있는 인물이라고 평할 수 있다.

반면에 모택동은 신해혁명 당시에는 신군에서 반년 정도 종군했다. 1914년에는 호남사범대학에서 수학하였으며 졸업 전야 채화삼 등과 혁명단체인 신민학회를 조직하였다. 이어서 모택동은 5·4운동 전후에 비로소 마르크스주의를 접하게 되었고 모택동 주도의 중국공산당이 드디어 1921년 7월 1일 상해의 프랑스 조계에 위치한 단층 여자기숙사건물에서 창당되었다.

놀라운 사실은 중국공산당 창당 당시 공산당원은 모택동을 비롯하여 57명에 불과하였으며 창당대회에 참석한 인원은 12명에 불과하였다고 한다. 이들로부터 시작한 중국의 공산혁명은 불과 30년 만에 전 중국대륙을 휘몰아치며 1949년 중국대륙에 당당하게 중화인민공화국이 건국되었다.

중국인들은 모택동을 20세기에 중국과 세계 역사에 큰 영향을 끼친 위대한 혁명가, 전략가, 이론가였으며 한평생 압박받는 중국 민중의 해방을 위한 봉사와 희생의 삶을 살았던 위인이라고 한다. 하지만 중국 통일 이후의 실성한 것으로 보일 정도로 이상에 치우친 정치 경제정책의 실정을 생각한다면 이러한 평가는 그에게는 과분한 평가로 보인다.

모택동과 장개석의 정치이념은 완전히 상반된다. 따라서 누가 봐도 그들의 만남도 필연적으로 악연이라고 할 수밖에 없다.

1924년 1차 국공합작, 그리고 1927년 국공합작의 전면결렬, 이로부터 서로의 갈등이 심화되었다. 이들의 관계는 서로 제거해야 할 원수일 뿐이었다. 1928~49년 중국국민당 정부의 주석을 지낸 장개석은 국민당의 주적은 오직 공산당이라는 견해를 제시하고, 오직 공산당의 토벌을 통한 중국통일의 야망에 관심을 기울인다.

그러나 1931년부터 일본의 중국침략이 노골적으로 진행되면서 그의 정치적 사업은 큰 타격을 받는다. 일본의 침략이 계속되는 상황에서도 그는 공산당을 섬멸하기 전까지는 일본의 침략에 저항하지 않기로 결정함으로써 많은 시행착오를 겪는다.

제5차 소공전투로 돌입하자 궁지에 몰려 빈사상태의 공산당은 모택동이 이끄는 것으로 잘 알려져 있는 홍군 대장정으로 도피행각을 하였다. 이때 서북에서 홍군과 대치하고 있던 장학량이 공산당과 휴전하고 항일한다는 명분을 내세워 장개석을 납치, 연금시켰다. 이 사건이 바로 중국현대사의 흐름을 바꾸고, 두 사람의 명운을 결정하게 하였던 유명한 서안사변이다.

결국 서안사변으로 인하여 2차 국공합작이 이루어져 양당은 무려 8년 동안 손을 잡고 항일에 나서게 된다. 이 사건을 기점으로 양대 산맥에 큰 변화가 일어난다. 당시 스탈린은 장개석만이 중국에서 통일전선을 구축하여 항일운동을 지휘할 수 있는 지도자라고 인정할 만큼 실력자였다.

그러나 그가 최대 역점을 두었던 공산당 섬멸작전을 중단하고 국공합작을 통해 일본 침략군에 맞서 싸우게 되면서 공산당을 소탕할 수 있는 절호의 기회를 잃어버리게 되었다. 이 점은 장개석이 평생을 두고 아쉬워한 점이었다. 사건의 발동자인 장학량은 이때부터 장개석의 미움을 사서 장개석이 사망할 때까지 연금생활을 하였다.

8년간의 항일전쟁은 공산당이 기사회생하는 계기를 마련해 주었다. 공산당은 정부군의 총공격을 일본군 방어로 돌림으로써 무거운 압력을 해소시킴과 동시에 곳곳에 항일근거지를 만들었다. 이 기간 동안 공산당은 공산군의 전력을 가다듬고 민심을 얻어 그들의 혁명을 성공시킬 수 있는 기반을 마련하였다. 공산군의 정규군은 5만에서 127만 명으로 확충되었고, 민병은 268만 명에 달하였다. 이로 하여 국민당과 공산당의 군대비율은 60:1에서 3:1로 격차가 좁혀졌다.

사실 1930년대는 장개석이 군정을 장악한 황금의 10년이었다. 비록 내우외환이 끊임없이 있어왔지만 경제적으로 8% 이상 성장했으며 1936년에는 공업과 농업방면에 근대 이래로 최고 수준에 달했고 초등교육 수준도 43%로 증가하였다.

그동안 장개석은 공산당을 소탕하기 위해서 대량의 무기를 일본에서 구매하여 군 전력의 상당부분을 일본에 의존하고 있었다. 일본 해군무관의 조사에 따르면 1930년 일본에서 구입한 일반 무기의 총액은 5,844,543은량으로 같은 해 중국이 다른 열강에게서 구입한 무기 금액의 37.5%에 해당한다.

이처럼 장개석은 일본의 군사력이 중국에 비해 선진적이었던 사실을 잘 알고 있었고 또한 중국군 전력의 일본 의존도가 높은 상황에 있는 사실을 잘 알고 있었기 때문에 서안사변 때까지 오래도록 '양외필선안내(攘外必先安內)' 정책을 견지하며 일본과 여러 차례 담판을 시도했었고 또 그 때문에 국내 여론의 비판을 받아왔었다. 결국 1949년 장개석은 중국 대륙을 공산당에게 내주게 되었고 이어 대륙에는 중화인민공화국이 수립되었다. 장개석은 국민당 잔여부대를 이끌고

타이완으로 건너가서 국민당 지도자들과 함께 비교적 온건한 독재정
부를 수립했었다.

중국 민중의 승리였다. 그러나 이때부터 문제가 발생하기 시작하
였다. 사람이 이 세상을 사는 이유가 무엇인가? 경제발전을 이룬 후
에도 모택동은 인민들에게 이상적인 공산국가의 건설을 위하여 끊임
없이 자기 자신을 희생할 것을 요구하였다. 여기에다가 경제정책 역
시 폐쇄적인 공업발전 방식을 유지하였다. 이로 인하여 수많은 문제
가 야기되었으며 중국민중들의 생활은 점점 어려워져만 갔다. 진시황
이 되기를 원했던 모택동의 관심사는 오직 권력에 대한 욕구뿐인 것
처럼 보였다. 이로 인하여 중국 사회는 세계와는 격리되어 외톨이 신
세가 되었으며 1976년 그의 사망과 더불어 문혁이 결속되자 중국사
회는 수습이 힘든 상황에 처하게 되었다.

모택동은 1893년 12월 26일, 호남성 상담현 운산충에서 태어났으
며 가난한 환경에도 불구하고 8세부터 13세까지 운산육소사숙에서
유교의 사서오경을 숙독하였다. 이러한 그의 학문적 배경은 그가 위
대한 혁명가이면서 전략가이며 이론가로서 중국사회주의 사업의 성
공을 이끈 커다란 원동력이 되었던 것도 사실이다.

그러나 또한 한편으로는 이러한 학문적 배경이 모택동으로 하여금
진정한 공산주의자가 되지 못하고 진시황이 되고 독재자가 되기를
갈구했던 원동력이 되었던 것도 사실인 것이다. 이것이 바로 위대한
혁명가 모택동의 한계였다. 그렇지 않다면 문혁시기에 그의 행적을
설명할 방법을 찾을 길이 없다.

패장이 되어 1949년 이후부터는 대만의 국민정부 주석을 지냈던
장개석, 그가 중국대륙을 모택동에게 내어준 원인이 무엇인가? 그의

군대는 미국으로부터 막대한 지원을 받은 현대식 무기로 무장한 강한 군대였다. 그들이 구식무기로 대항하는 공산당에 맥없이 물어난 이유는 무엇인가?

자신의 의지에 의해 자원입대한 공산당의 홍군과는 달리 국민당 군대는 징집병이었다. 그래서 국민당 군인들은 전쟁의 승패는 관심이 없으며 이들의 최대 관심사는 살아서 돌아가는 것이었다. 어떤 경우는 장교들이 급료를 착복하기 위하여 가짜군대를 만들어 전투상황을 보고하고 급료를 착복하였다. 또한 전쟁 중에는 겁먹은 수십만의 군인들이 홍군에 동시에 투항해 버리는 경우도 다반사였다.

항일전쟁 때 국민당 군부 내에서 "자탄일매, 황금만냥(子彈一枚 黃金萬兩, 총알 1개에 황금 만 냥이다)"이라는 노래가 유행하였다. 그것은 국민당이 전쟁은 안 하고 탄알, 총포를 얼마 손실했다고 보고 올리고 내막은 공산당에 이미 다 팔아먹고, 그 보고한 대로 상부로부터 황금 만 냥을 다시 지원받을 수 있다는 것이다. 이에 대해 국방부에서 급기야 회의를 열어 질의를 하였으나 참석한 장성들은 서로 얼굴만 쳐다볼 뿐 별다른 반응은 없었다고 한다.

세계 역사상 이처럼 부패한 군인을 본 적이 있는가?

또 하나의 문제는 계속되는 전란으로 인하여 재정이 고갈된 장개석 정부는 군비를 마련하기 위하여 돈을 무한정으로 찍어냈다. 상상 이상의 인플레 현상이 벌어졌다. 상해의 경우 1948년 500만 배까지 물가가 올랐다. 중국민중들이 공산당을 선택한 이유이다.

개인적으로 보았을 때 모택동은 장개석보다 약간 더 행운아인 것 같다. 장개석은 모든 것을 얻은 듯 보이지만 자신의 뜻을 제대로 펴지 못한 채 시들어갔다. 이에 비해 모택동은 뜻을 다 이루기는 했으

나 만년에 펼친 일련의 실책들이 너무도 크기에 중국인에게 준 아픔
도 적지 않았다. 그래서 중국인들은 모택동을 평할 때 너그럽게 긍정
적으로 말하지만 늘 꼬리표처럼 다는 네 글자가 있다. 그것은 바로
'공칠과삼(功七過三)'이다. 즉 공은 일곱이고 과는 삼이라는 혹평 아
닌 혹평이다.

장개석은 북양군벌을 소탕하고 오랫동안 분열되었던 중국을 통일
하였다. 항일 60주년 기념회에서 중국 인사들마저도 장개석이 국민혁
명군을 이끌고 항일전쟁을 승리로 이끌었다고 인정하였다. 타이베이
시내에서 볼만한 것 중 으뜸은 뭐니 뭐니 해도 국민당 장개석이 공산
당 모택동과의 전쟁에서 패하면서 대만으로 쫓겨 올 때 가지고 온 역
사예술품과 문화재 64만 점이 세계 4대 박물관의 하나인 고궁박물원
에 소장되어 있는 점을 꼽을 수가 있다.

이들은 중국 5,000년의 역사를 말해주는 유물들로서 신석기시대의
출토품에서부터 역대왕조의 보물급에 해당하는 유물 등이 전시되어
있는데 인기가 있는 것들은 항상 전시되고 그렇지 않은 것들은 3~6개
월마다 바꿔 전시하기 때문에 그때마다 색다른 전시품을 관람할 수
가 있다. 이곳 전시품의 대부분은 천 년 이상이 지난 초기 송나라 시
대에 황실에서 사용했던 것들이 대부분으로 중국 최고의 황실 컬렉
션이 바로 이곳에 보관되어져 있다. 장개석의 60만 패병은 대륙에서
운반해온 19억 달러 상당의 황금 재원으로 자립을 이룩했으며 국가
는 경제개혁을 통하여 번영의 길로 들어설 수 있었다.

모택동과 장개석의 시대는 전쟁과 혼란의 시대였다. 아픔과 절망
의 시대였다. 이 모든 것의 피해자는 민중 자신인 것이다.

내 자신의 문제인데 누구를 원망할 수 있겠는가? 하지만 만일 당시

의 위정자들이 세계 조류의 흐름과 변화에 좀 더 민감하게 반응하고 대처하였다면 중국 근대 시기의 역사는 절망과 고통의 역사가 아닌 희망과 행복의 역사, 후퇴가 아닌 좀 더 발전적인 역사로 이루어지지 않았을까? 그들의 삶이 적어도 이리도 피폐하고 어렵게 되는 것은 피할 수 있지 않았을까?

위정자는 봄볕이 얼어붙은 대지(大地)를 살아 숨 쉬는 대지로 만드는 것처럼 백성들의 삶에 희망과 행복과 기쁨을 주어야 할 책임이 있는 것이다. 자신의 영욕과 사리를 위하여 존재하는 지도자는 개인 자질의 문제가 아니라 역사의 죄인이며 매국노인 것이다. 그들은 역사 앞에서 책임을 져야 할 것이다. 지도자는 국민에게 꿈과 희망을 주어야 할 막중한 책임이 있는 것이다.

위정자는 국가와 민족에 대한 사랑의 정신이 있어야 한다. 위정자는 자신이 해야 할 일에 대해 책임을 다해야 할 막중한 임무가 있다. 중국 현대사 시대의 역사적 영웅 장학량은 말하지 않았는가? "나는 미치도록 나라를 사랑하노라."라고 하였다. 그는 땅도 필요하지 않았고 돈도 필요하지 않았고 단지 희생만 필요로 하였던 사람이었다. 그는 중국을 살리기 위해서 자기의 모든 것을 버렸으며 일본을 막기 위해 장개석을 설득시켰다. 국가에 대한 사랑은 바로 그의 붉은 심장 안에, 따뜻한 마음속에 있었다. 위정자는 애국에 미쳐야 하고 또 자신을 희생하여 국가와 민족과 인민을 위하여 헌신하고 봉사해야 할 의무가 있다. 중국현대사 시기는 전란과 슬픔의 역사였다. 무엇이 이 시기 역사를 그렇게도 아프게 하였는가? 상처받은 이 시기의 역사에서 우리가 얻어낸 교훈은 무엇인가?

김재선 ────────────────────────────────

강원도 춘천 출생
동국대학교 사학과 졸업
대만 개원불교연구소 불교철학 연구
중국 사천사범대학교 역사연구소 석사
중국 중앙민족대학교 민족사연구소 박사
현) 대진대학교 사학과 교수

『발해문자연구』(2003)
『모택동과 문화대혁명』(2009)
『아편과 근대중국』(2010)
「이태백과 발해문자」
외 다수

초판인쇄 | 2011년 12월 10일
초판발행 | 2011년 12월 10일

지 은 이 | 김재선
펴 낸 이 | 채종준
펴 낸 곳 | 한국학술정보㈜
주   소 | 경기도 파주시 문발동 파주출판문화정보산업단지 513-5
전   화 | 031) 908-3181(대표)
팩   스 | 031) 908-3189
홈페이지 | http://ebook.kstudy.com
E-mail | 출판사업부 publish@kstudy.com
등   록 | 제일산-115호(2000. 6. 19)

ISBN   978-89-268-2863-2 93910 (Paper Book)
        978-89-268-2864-9 98910 (e-Book)

내일을여는지식 은 시대와 시대의 지식을 이어 갑니다.